住宅で資産を築く国、失う国

新住宅5ケ年計画への提言

住宅産業問題研究会［編著］

井上書院

住宅で資産を築く国、失う国――新住宅5ヶ年計画への提言――

目次

はじめに

1章 米国に学ぶ住宅資産価値増大の手法

2章 リースホールドによる住宅地開発

3章 二段階分譲方式を活用した住宅地開発

●住宅産業問題研究会

［原執筆者］

はじめに　戸谷英世
第一章　野津敏紀
第二章　大熊繁紀　戸谷英世
第三章　高倉健一
第四章　谷口正博　岩本愛一郎　板東敏男
第五章　坂部守勝　本多信夫　久保川議道　渋谷征教
第六章　松藤泰典　黒瀬　洋　岩本愛一郎　戸谷英世
第七章　川崎直宏
第八章　竹山清明　戸谷英世
あとがき　戸谷英世

はじめに

1――住宅購入で資産を築く国、失う国

日本では、住宅を資産形成の手段とするという考え方は、消滅してしまっている。住宅を償却資産とする考え方は、国税庁の税制の考え方や不動産鑑定評価の考え方として、国全体を縛ってきた。住宅自体は非償却資産であるから、償却資産として扱う無理を押すことで、価値のある住宅が潰され、不当な建て替えが強行される道理の通らぬことが行われてきた。償却資産である機械工具や自動車でも、償却が終って会計帳簿上は価値が消滅した資産でも、市場での取引価格はゼロにはならない。ビンテージカー（優れたクラシックカー）の場合、その高い効用が持続されているものは、市場での取引価格は下がらないどころか、上昇し続けている。

資産価値の計測単位は、価格であり、それを決定するものは、取引市場の需給関係である。市場の需要の対象として取引きされる理由は、その資産が需要者にとって必要とする効用が認められるからであって、それ以外の理由はない。資産が社会的に有用であると評価される効用を持続するかぎり、その資産は市場で取引きの対象とされる。その効用が認められなくなったとき、その資産は粗大ゴミ

に質的変化する。資産はその社会的効用との関係から、市場の取引価格が決められるが、それは需要と供給との量と質を反映して、常に変動している。

日本以外の工業先進国はもとより、多数の発展途上国においても共通して見られる現象は、住宅という資産の価値を確実に上昇させていることである。日本では短期間に高度経済成長が達成され、都市集中が起き、不動産需給が半世紀以上にわたって売り手市場であった。そのため土地神話が生まれ、それに乗った土地信用膨張により、国家経済を拡大してきた。その経験の中で、都市集中が進行している発展途上国の住宅資産価値の上昇も、同じ現象と考えている人も多い。

しかし、その理解は基本的に間違っている。日本では、高度経済成長時代に乱建設された木賃アパートや文化住宅が、非常に短い寿命でスラムを形成していった経験がある。これらの住宅は償却資産であり、当時の投資家の多くが、これらの住宅に投資して高い収益をあげた事実がある。しかし、それらはその後、都市の清掃困難な粗大ゴミと化して、都市の健全な環境を蝕んできた。これらの住宅建設に対して、長期の住宅ローンが使われていたら、金融機関は間違いなく不良債権をつかまされたことになる。これらの住宅は、住棟単位で投資家に売り払われて、建設資金は回収された。高利回りを実現した住宅は以後、効用が失われるにつれ、資産価値を下落させながら転売を繰り返し、購入者に損失を負担させ、最終的に負の資産としてのスラムを形成した。

これらの住宅は極端な例であるが、実は、現代の日本の大都市で建設されている木造アパートや都市部のミニ開発も基本的な建て方としては、木賃アパートや文化住宅と同じ方法で建てられている不良資産である。あえて言えば、日本の戦後の住宅全体が、基本的に同じような不良資産を生み出す必然的経済構造の下で造られており、それが現代日本の住宅資産の貧しさの原因をつくってきた。

韓国、台湾、中国などの国々で建設されている住宅は、日本とは違い、はじめから住宅の資産価値が将来的に下落しない経済的展望の下に建てられて、資産形成になる住宅となっているのである。日本との基本的な違いは、住宅購入資金にある。これらの国々では、欧米と基本的に同じ抵当金融（モーゲージローン）によって不動産金融が行われている。モーゲージローンとは、平易に言えば、質屋金融である。融資対象となる不動産の融資期間内で保証される売却益を上限として、金融を行うものである。当然、金融機関は、融資対象不動産の融資期限内における貸金回収が、その不動産の売却益で充当できるかを融資条件にする。そのため、将来的に資産価値が保証されない住宅には、金融が行われないことになっている。

一方、日本では、住宅金融を融資対象とする住宅の価値をまったく評価しないで融資がされてきた。住宅金融公庫を筆頭に、すべての日本の住宅金融は、借り手の要求する資金を、借り手の信用を担保に融資してきた。個人信用の保証は、当初は連帯保証人であり、その後は団体信用生命保険である。金融機関の融資審査は、その信用力審査である。住宅の審査は、政策金融として、すべての融資対象住宅に最低基準としての建設基準と共通仕様書に適合していることを要求して、融資対象住宅の価値の審査はしないで抵当権を設定するが、その抵当権で債務は相殺しない。

日本では約半世紀、住宅は売り手市場であったため、ハウスメーカーやマンション業者が、一方的に住宅価格を決定して住宅を販売してきた。それが可能になった理由は、住宅金融公庫が住宅業者の値付けしたとおりの価格に対して、融資を実行してきたからである。消費者の住宅購買能力は、直接的には金融機関による融資額によって決定される。住宅産業界は、政府が年収の五倍の融資をすれば、それに対応した価格設定を行ってきた。住宅の市場価格の基本は、日本では政府の金融により左右され、住宅の資産価値は顧慮されない市場環境がつくられていた。

年収の五倍もの住宅ローンを組んで購入した住宅が、ローン返済不能になって、中古市場に売りに出されたとき、購入時の半額以下でしか取引きされないという理由は、当初から販売価格の半分以下の価値しかない住宅を、二倍以上の価格で購入させられていただけのことである。何しろ、購入に際して、住宅金融公庫の融資審査に合格し、または、当初から金融公庫融資付き住宅として販売されているから、政府がその販売価格を保証しているといった勘違いをさせられていたのである。

販売価格の半分の価値しかもたない住宅であったから、経年すれば、化けの皮が剥がれてくる。値崩れが発覚しても、その損失に対し、住宅会社も、住宅金融公庫も、まったく責任を取らない。住宅購入者の年収が六〇〇万円程度であれば、建物本体では、一二〇〇万円程度が購入額の限界である。それを無視して一億円掛けて造ったモデルホームで営業し、住宅のイメージが設定されて契約が結ばれている。専門性のない営業担当者の甘言に乗って、住宅を購入して、消費者は資産を失っている。

2 — 住宅で資産形成ができるわけ

米国では、住宅の資産価値が、年平均六・五パーセントで上昇し、個人資産形成の四〇パーセントが住宅を保有することで実現されている。米国は移民を受け入れ、経済も活況が続き、出生率も高く、人口、世帯増も順調に拡大することによって、住宅市場の需要を底支えしている。

しかし、日本の高度経済成長下の都市は、それ以上の売り手市場が続き、地価は高騰した。その結果、都市の邸宅地は見る影もなく破壊され、三階建高密度三世帯居住戸建ミニ開発が簇生した。それを都市成長（更新）と説明し、その結果、邸宅自体は取り壊されて粗大ゴミとなり、その後に建設されるアパートやマンションは、従前の邸宅地とはまったく別の人間関係の薄い高密度居住区となる。健全なコミュニティを創る意図を最初からもたない都市の空間賃貸経営を前提にした「資産運用賃貸マンション」分譲住宅が、政府の住宅金融政策を受けて建てられている。この都市再生は都市破壊である。住宅が住宅以外の用途として使用されたり、その需要に支えられて市場価格が上昇しても、それは住宅としての資産価値の上昇が図られたり、資産形成を図っていることではない。

皇后陛下の生家である東京東五反田池田山の住宅は、その不動産としての資産価値が高くなりすぎて、日清製粉の社長である息子でも相続税負担ができずに物納した。住宅が存続できない邸宅地は、邸宅地としての資産価値を維持できなくなったということである。この現象は、日本の大都市全域で発生している。大阪の帝塚山、名古屋の覚王山、福岡の百道など、昔の邸宅地の面影はない。つまり、邸宅を持ち続けることで、国民は資産形成ができないどころか、資産を失いつつある。

一九七〇年代の米国サンベルト地帯の発展を象徴する住宅地開発ランチョベルナルドは、ジミー・カーター元大統領の時代に、米国が主催したハビタットの会場でもある。「米国とメキシコとの国境で実現した人間環境の奇蹟」（ザ ミラクル オブ ザ ボーダー）と呼ばれたこの開発は、住宅を保有することで国民の資産形成を実現している典型的事例である。

開発後四〇年を経過したランチョベルナルドを訪問した際、歴代の商工会議所会頭経験者と現職の都市経営者達との会議の中で、米国で住宅を取得することで資産形成ができている理由を様々な側面から説明してくれた。

「ランチョベルナルドの名前のとおり、当地は、以前牧場であった。私が当時購入した住宅は、建設後、基本的に何も手を加えていない。しかし、今ではその周辺は充実した生活を営むことができる憧れの住宅地となり、現在の私の収入ではとても購入できないほどの資産として取引きされている。」

その価格上昇は、購入時の三〇倍以上になっていて、それはすべての住宅について言えることであった。「では、どのようにして、優れた住宅地となったのか。」という質問に対して、次のような回答が返ってきた。

「全米最初のマスタープランドコミュニティとして、ハリー・サマーズが将来を展望した優れた計画を立案して、それをＡＶＣＯ社が継承して、計画どおり実現したからである。」

「サンディエゴ市が、ハリー・サマーズのマスタープランを基本的に評価して、ランチョベルナルドのサンディエゴ市編入要求に応じ、ランチョベルナルド開発を都市経営の中に位置づけた産業立地を実施したためである。」

「ランチョベルナルド都市経営約款（ＣＣ＆Ｒ）によって、マスタープランが完全に担保されたためである。」

サンディエゴ市は、一九七〇年代の米国で経済発展したサンベルト地帯のヒューストンと並ぶ中核都市である。サンディエゴ市は産業開発需要に応えて、工業団地をランチョベルナルドに近接して開発し、そこに、ＮＣＲ、ヒューレットパッカード、ボロウ、ソニーなどの企業誘致に成功した。

ランチョベルナルドの最初の開発事業は、学校等の費用の掛かる施設を必要としないアクティブリタイアメントコミュニティの開発から着手し、都市に必要な消費人口を確保しながら取り組んだ方法も実践的であった。

その後、工業団地への企業立地に対応して、従業員の住環境整備と合わせて、サンディエゴ市が学校教育施設の建設をすることによって、ランチョベルナルドは一挙に勤労者に住みやすく、安全な町になり、やがて都市が文化的に成熟することで、経営者や一般の資産家にも魅力のある町に向けて熟成していった。

当初開発されたアクティブリタイアメントコミュニティは、デルウエブ社がフェニックスで、サンシティを開発した時とほぼ同時期である。開発後四〇年を経過した現在、これらの町を調査して確認できたことは、いずれのコミュニティも、現代でも高い需要で支持されていることである。現在の入居者自体は高所得者で、大きな邸宅を売却して移住する人が多い。ここに居住することで享受できる豊かな生活は、ランチョベルナルドだけではなく、より広域からも憧れの対象となっている。そのため、ここで居住している間にも、購入した住宅の資産価値は上昇するため、より高い費用が必要となるナーシングホーム（養護老人ホーム）も、ここでの資産を売却すれば、容易に入手できることも、当地への需要を高める圧力になっている。

3――資産価値の評価される住宅の立地条件

米国の不動産に対する資産価値評価の方法は、日本の不動産鑑定評価制度がそれを参考にしているため似ているが、本質的にまったく違っている。不動産価値を評価する目的の中には、現時点の取引きと並んで、抵当権の評価のように、抵当金融期間内における不動産の取引価格の変化を考慮しなければならないものや、不動産税の課税のためなどの目的がある。なかでも、最も重要な評価は、抵当権評価である。米国のモーゲージローンという用語が、日本では抵当権と訳されているため、モーゲージと抵当権とは同じものであるとする誤解がある。モーゲージは、その用語のとおり、モーゲージを受けた者が、ローン返済不能になったときは、その債務弁済のために、担保は金融機関のものになって、担保（ゲージ）としての性格は死（モルト）んでしまうという意味である。

日本の抵当権は、債権者は信用金融（クレジットローン）に応じて、融資対象物件等を担保に抵当権を設定する。そのため、債務者が債務を弁済できない場合には、債権者が抵当権設定不動産を差し押さえるが、それによって、債務が相殺されるわけではない。抵当権の処分によって弁済できない債権が不良債権となる。つまり、抵当権の評価は、融資対象物件の市場価格評価を条件とはしていない。そのため日本の不動産鑑定評価は、債務対象不動産の評価に責任をもたず、評価自体に信頼性が劣っていても責任を追及されない。

不動産価値評価には三つの方法があり、その一つの原価評価方法は、日本では原価データが欠如しているだけではなく、その取扱い技術が未整備のため使われないし、ほとんど有効ではない。次に収益資本還元評価法は、商業および業務用不動産に対して近年適用されるようになったが、不動産に対しては、混合用途による地価が無政府状態にあるため、使える環境にない。唯一、販売価格相対比較評価法だけが、目先の価格操作した住宅販売価格を正当化する上に有効であるという理由で、実際に使われている。

日本で行われている相対比較評価方法は、不動産市場での新設住宅の値付けと、中古住宅の取引きの説得資料とする現象価格の傍証のため有効であるが、論理的ではない。売り手市場が半世紀以上継続し、その中で売り手側が一方的に販売価格を操作して決定し、売り手側が、住宅金融公庫融資付きという形で一方的に値付けした販売価格を、あたかも政府の金融機関が、その不動産価値を裏書きしたかのような勘違いを、不動産鑑定評価が追認してきた。実際の住宅の価値は低くても、販売テクニックとして売却事例がつくられると、それ以降の住宅価格は、相対評価方法により、前例と批准して不動産評価がされるため、間違った前例が、それ以降の住宅価値評価に影響を与えることになる。

わが国における新設住宅価格が、建築後五年程度の中古住宅価格の二倍以上であることを、正当な新設住宅価格であるように勘違いさせてきた背景は、相対評価方法に依存してきたためである。つまり、売り手が住宅の実際の価値と異なる高い販売価格を設定することを、相対評価方法が、不動産鑑定評価制度として正当化する役割を果たしてきたのである。

米国で住宅が市場で重視される条件は、立地（ロケーション）である。住宅の購入者が、住宅を購入することで手に入れようと望んでいるものは、その住宅に入居して享受できる生活の三要素である。それは、まず居住者が、「わが町」と誇れる美しくて、自分の嗜好にあった雰囲気のある町である。次が生活の利便性である。職場への通勤も便利で、子供達の通学環境も整っている。ショッピングや生活サービス施設も整っていて、スポーツやレクリエーションも充実している。医療や保健施設もあり、生活上便利なことである。第三は安全である。高潮、出水、崖崩れなどの自然災害の危険もなく、公害や交通事故、さらには犯罪の心配がない。このような町に住めるならば、住宅の選択はその町の中から選ぶことになる。

立地条件が悪い住宅は、単体としての住宅がどれだけ優れていても、そこで得られる生活は貧しく、人々の需要の対象から外される。そのため、これらの条件が現在から将来にわたって確実に維持管理され、熟成されるようなシステムが、不動産価値の評価の対象となる。それは住宅地開発単位として管理されることと並んで、都市として経営されることである。

日本で都市計画というと、公権力が計画高権を大義名分に掲げて、私有財産を収用するためのものという側面ばかりが強調されてきた。公共の利益のために私権を制限する手段が、都市計画であるとする認識である。都市計画高権は、最終的に国家権力によって都市計画の実現を担保するという意味では、そのような説明も間違ってはいない。しかし、米国の都市計画の歴史を見ると、移民して米国に定住した人達が所有した私有財産の資産価値を守るために、住民税や固定資産税の納税者達の財産を、政治が都市計画制度によって守ってきた歴史がある。

住宅地分譲業者（サブディバイダー）達が、造成分譲した住宅を計画どおりに熟成するように、業者自身も土地所有者の変更にかかわらず、土地利用制限約款証書（ディードリストリクション）を遵守するように定め、国家が慣習法（コモンロウ）で約款を担保してきた。住宅地分譲業者は、自らの開発だけでは力が及ばぬ環境整備および環境保全の手段として、都市施設や土地利用規制を実現する都市計画制度制定の運動主体となって、政治を動かし、立法をすすめてきた。

住宅地分譲業者は、計画して開発分譲した宅地が、開発後、個人の所有権の下におかれた際、それを当初計画どおりに熟成することがなければ、宅地販売時の販売内容として提案した約束違反の責任を追及された。住宅地を購入した者には、不動産を取得することが、個人の資産形成の基本であるという西欧からの認識があった。人々は移動させることができない不動産に対しては、住宅地全体としての環境が担保されるような仕組みとして、西欧における大土地所有者の一元的管理運営に代わる方法を不動産制度化することになった。制限約款証書や都市計画制度がそれである。

4 ― 住宅の価値は増殖する

人々は、立地条件の優れた住宅地の中に建てられた住宅を取得する。その際の住宅の選択は、衣服を購入するときと同じように、自分自身の嗜好にあった個性のある街並みと、その街並みに調和して、美しいと誇れる「わが家」を取得する。その住宅は、新設する場合も、既存住宅を購入する場合も同じである。街並みと調和しない住宅は、周囲と不協和音を生んで、単体としては美しくても、醜い街並みを造ってしまう。これまでに数寄屋の街並みにモダーン様式の住宅が建設されて、醜い街並みとなった例は、日本国内では枚挙に暇がない。

住宅のデザインは、住宅前面（ファサード）のデザインがすべてである。前面道路の景観ストリートスケープの構成こそ、各住宅のデザインを惹き立てる最も重要なものである。

米国の住宅地分譲業者が、資産価値を高めるために最も重視した開発技法は、前面道路の計画と、隣接宅地の建築物後退（セットバック）規定である。セットバックによって造られたフロントヤードは、分譲業者の宅地譲渡約款で、その利用と管理方法が厳しく定められていて、約款の違反者はその地区から追放される。手段としては、約款違反者への罰金は、その住宅自体に対する先取特権で担保される。

建売住宅の場合は、建築物によるストリートスケープは、一体的に造られるか、個人が住宅を購入する場合にも、約款に根拠をおく建築指針（アーキテクチュラルガイドライン）により、形態およびデザイン様式のルール（規制）に従うべきことが定められている。宅地購入者の建築デザインの選択は、住宅地で定められたルールを遵守する条件下での自由であって、無政府状態の自由ではない。

住宅のデザインの評価は審美性であり、その選択は購入者のアイデンティティ（個性）の実現である。審美性の要求は、恒久的に変化しない文化（カルチャー）要求である。文化は時代および地域を背景に、人類社会の中で創造されるもので、優れた文化は文明の発達に左右されることなく伝承されていく。美しい建築様式はその例である。ルネッサンス時代（一五、六世紀）の建築物や、チューダー王朝時代（一六、七世紀）、ジョージ王朝時代（二〇世紀）の建築物で現存するものは、例外なく審美的に優れているからで、その機能や性能はすべてリモデリングされて現代に伝えられている。

住宅の機能や性能に対する人々の要求は、その経済的社会環境や居住者の経済的能力を反映した文明（シビライゼーション）要求である。文明は経済とともに発達し、人々の文明要求水準は上昇する。住宅はその要求に応えてリモデリングを繰り返すことで、住宅としての寿命を伸ばすことになる。

人々が住宅をリモデリングして使い続けようと思う理由は、その住宅が美しく、居住者の嗜好にあっているからである。

住宅の価値は価格で計測され、不動産鑑定評価の三つの方法のうちの原価（コスト）方法は、米国が日本を占領していた一九五〇年に制定された建設業法第二〇条の規定のとおり、推定再建築費として見積った額として表示される。そのため、建設後何年も経年した住宅において、その住宅がその時代の生活要求に応えることができるものは、例外なく文明の発達に対応したリモデリングが繰り返されて現代に生きている。

高い需要に支持されてリモデリングを繰り返して存在する住宅は、現代の生活要求に合致するものであり、その住宅を現代の推定再建築費として見積れば、間違いなく当初の建設費より、物価上昇分とリモデリング工事費分の何割かが価値として付加されることになる。現実にリモデリングとして必要な計画修繕と、社会経済の発展に対応した居住者の生活要求に応えたリモデリング費用のうち、新しく付加された価値を合算すれば、その総額は当初建設費の何倍にもなるに違いない。

住宅の資産価値が日本で減価する理由の説明として、物理的な劣化を指摘する意見がある。住宅に使用されている建材の寿命は有限であるため、使用されている建材は、その材料の寿命に合わせて取り替えたり修繕をしなければならない。そのための費用は、修繕積立金として積み立てておくか、それがなくても、必要な修繕積立金相当の修繕をすることで、住宅の効用は、建設当初の状態を完璧に持続させることができる。修繕を的確に実施している住宅に効用劣化はなく、もし、修繕積立金が適正に積み立てられていれば、その修繕積立金を合算した住宅は、その住宅を現時点で新設する場合の見積額、つまり、推定再建築費として計算できる。これが原価方式による住宅不動産の価値の評価額である。

社会経済の発展にともない、人々の住要求が上昇しているにもかかわらず、その要求に応えるようなリモデリングが実施されず、または住宅に使用されている建材の物理的劣化に対して、適正な修繕が行われていない住宅や、住宅のデザイン自体が流行を追って造られ、時代とともに色褪せた住宅は、住宅市場の中で脱落し、当初の建設価格では取引きされなくなる。これらの住宅は需要がなく、やがて粗大ゴミとして、物理的にはまだ堅固で、高い諸性能をもった住宅でも取り壊されることになる。日本では、都市計画が住宅地の中にアパートやマンション、商業業務施設の建設を許し、住宅の中で商業業務を放置してきた。その結果、混合住宅地は高地価と評価され、租税制度により維持できなくなり、破壊されてきた。しかし、欧米のように、住宅地が専用土地利用制により守られるかぎり、都市の熟成によって、ランチョベルナルドのように、物価上昇と都市熟成利益分の上昇で、資産価値が上昇することになる。

5 — 住宅の資産価値の上昇は社会全体の利益

日本の住宅資産がどれだけの額にのぼるかという資料はない。仮に、一戸二〇〇〇万円で、既存住宅戸数が全体で三〇〇〇万戸とすれば、住宅資産総額は六〇〇兆円である。現在の米国のように、年間六・五パーセントで資産価値が上昇すれば、年間三九兆円の国富が増大することになる。この額は日本の一般化会計での租税収入に相当する規模の富である。欧米における住宅ストックが政治の関心になっている理由は、住宅は個人の資産形成としても、地方公共団体の税源としても、国家の税源として、住宅資産価値の上昇が大きな役割を担っているからである。

新設住宅が一戸二〇〇〇万円で一〇〇万戸建設されると、その新規住宅投資は二〇兆円となる。既存住宅の資産価値増が米国並みに進むと、日本では新設住宅投資の二倍の国富増となる計算になる。日本では、新設住宅の建設時の投資の波及効果に偏って、住宅の経済効果を考えてきた。住宅金融公庫を通して住宅金融を緩和することは、文字どおり、ケインズ経済学でいう財政主導の需要の創造である。しかし、実体は、消費者の返済能力を逸脱した借金を背負い込ませて、消費額を一時的に拡大させただけである。その後、消費者は、ローン返済に苦しみ、その他の家計支出が圧迫され、経済全体から見ると、消費全体の拡大にはならなかった。バブル経済崩壊後の政府の住宅金融拡大による経済復興・景気刺激策は完全に失敗した。

政府は、公営住宅、公団住宅、公庫住宅を住宅政策の三本柱として、八期にわたる住宅建設五ヶ年計画によって、新設住宅の供給を中心に住宅政策を進めてきた。その結果、住宅の量的不足の解消や住宅床面積の拡大が図られた。しかし、住宅統計上の数値は欧米と肩を並べることになったと説明がされても、国民は住宅を取得することで経済的に豊かにはなっていないし、豊かな住環境を享受できるようになったわけでもない。

住宅を取得することで債務が確実に拡大しているし、既存住宅地は建て替えにより空地は減少して建て詰まり、アパートやマンションの混入により、住宅地環境は確実に悪化している。不良債権化している住宅不動産は、地価の下落も相まって確実に拡大している。

政府が通算四〇年余の年月を掛けて開発してきた公共住宅も、例外なく資産価値は下落し、大量の空家の発生と、関連商業施設の閉鎖、学校施設の廃校などにより、衰退し続けている。これらの住宅団地について、バブル経済崩壊後まで、高地価を根拠に建て替え事業が計画されていた。しかし、それらの計画は、ことごとく経済採算性の根拠を失って、行政機関が政策的に実施するものを除けば、建て替えの現実的可能性はなくなっている。

しかし、これらの住宅団地の多くは、住宅の床面積自体は小さいが、団地全体の建ぺい率および容積率は低く、自然環境や立地条件自体は優れていることから、エレベーターおよび電気・ガス水道、CATV、光ケーブルなどのユーティリティ施設の新設と、住宅自体のエネルギー消費量の削減のための外壁断熱工事を床面積の増大と一体的に実施すれば、これらの既存集合住宅地は、一挙に最新の住宅資産に更新することができる。

つまり、土地神話に依存した土地の高度利用により、スクラップアンドビルドを行ってきたこれまでの不経済な住宅開発事業ではなく、基本的に既存の住宅資産の利用を前提にして、もっぱら建築物のリモデリングにより使用価値の高い住宅地に更新することによって、少ない費用で衰退しかけている住宅資産の価値増殖は可能になる。このような方法は、公共住宅団地だけではなく、これまで二六年周期で建て替えを繰り返してきた郊外住宅地においても実施することは可能である。つまり、既存の住宅地の開発密度を引き下げる方向で、既存の住宅資産をリモデリングする方法なのである。

土地は経済の国際分業・自由化の中で、製造部門が、低賃金水準の発展途上国へ流出し、農業・鉱業・水産業産品の輸入により、工場跡地の拡大、農地の遊休化を受け、長期的に供給過剰状態が続く。国境を越えて平均利潤率の法則が働き、日本の労賃水準は発展途上国の賃金水準の追い上げを待つことになる。つまり、日本の労賃は停滞し、出産率は低下し、人口や世帯数は減少傾向をたどり、住宅および宅地は、購買力の低下と買い手市場を反映して、下落基調が長期化する。

このような不動産環境を正しく見ないで、容積率と建ぺい率を引き上げて局部的に地価を上昇させる施策は、不動産による資産形成を実現する途ではない。土地自体には価値がなく、それが下落傾向にあるとき、地価を吊り上げる方策で見掛けの資産価値を上げる方法は、土地購入者に資産を失わせることになる。不動産資産形成は、人間の労働成果を不動産として投資することによって実現できる。

1章　米国に学ぶ住宅資産価値増大の手法

米国の住宅産業構造は、常に増加する住宅資産を軸に巧妙に構築されており、消費者（一般市民）、住宅産業者（デベロッパー、ビルダー等）、金融機関が相互に依存し、あるいは互いに利を提供する立場にあり、一人の利益が他者の損失につながるというゼロサムの構造にはなっていない。自己増殖的な良循環の構造をもっている優れた米国の住宅産業構造に学ぶことは多く、その利点を日本に導入する方策を考えることが、日本の住宅産業構造改革に多大のヒントを与えるものであると考えている。

本章では、消費者にとって重要な「住宅資産増大」をポイントに説明しようとしている。米国の住宅産業の好況は、米国の消費者市場に大きな好影響を与え、ひいては活力ある米国の経済発展の牽引力ともなっていることは多くの識者が認めている。このことは、米国に学びつつ日本の住宅産業構造を改革する努力の意義の大きさを示唆しているのではないかとも考えるのである。

1――日本の数十倍ある中古住宅流通市場とは何か

「中古住宅」と「既存住宅」

まず言葉の解説から始めなければならない。日本では、新築された住宅が不動産市場に売りに出された場合には「中古住宅」と名前が付けられる。ところが、米国には used car（中古自動車）という表現はあるが、誰も used house とは言わない。新築後に住宅の二次流通市場に出される住宅は existing house と呼ばれる。直訳すると「既存住宅」というわけである。これは単に言葉遣いの習慣の違いということではない。米国でなぜ自動車が used であるのに、住宅が existing であるかは、以下の二つの事項でほぼ説明できると考えている。

used（中古）……①寿命が短く、②年数の経過とともに急速に価値（価格）が低下する。

existing（既存）…①寿命が長く、②年数の経過があっても価値の低下の程度は小さく、場合によっては上昇することもある。

つまり、existing（既存）と名のつくものは「資産」であり、used（中古）と呼ばれるものは「耐久消費財」である。とすれば、米国の住宅は「資産」であるのに、日本の住宅は「耐久消費財」にしか過ぎないことになる。米国の住宅産業構造を子細に見、また日本のそれとの違いを求めていくと、その違いの意味を具体的に様々な面で突きつけられていくこととなる。そこでまず、「中古」ではない

「既存住宅」の流通市場を説明するところから始めたい。

米国の「既存住宅」流通市場の大きさ

二〇〇三年の米国の既存住宅流通総戸数は、七〇〇万戸に達する。今までの住宅産業界の常識は、「米国の中古住宅流通戸数は五〇〇万戸」というものであった。確かにかつて一戸建住宅に限った二次住宅市場流通戸数は約五〇〇万戸であったが、近年既存の一戸建住宅の流通戸数は急速に増加し、また、それに一戸建以外（連棟建や共同建）の既存住宅の流通が約一〇〇万戸あるので、それらを合計した既存住宅総流通戸数は七〇〇万戸ということになる（表1「既存住宅流通戸数」を参照）。

表1「既存住宅流通戸数」

（単位：万戸）

	総戸数	一戸建住宅	それ以外の住宅
2001年	604.2	529.6	74.6
2002年	638.7	556.6	82.1
2003年	699.8	610.0	89.8

（米国 National Association of Realtors 調べ）

米国では近年、持ち家住宅建設戸数が年約一二〇万戸（およその推計）に対して、その五、六倍ほどの二次住宅流通市場があるのに対して、日本では中古住宅流通市場は年間二〇～三〇万戸とされており、年間持ち家住宅建設戸数約七〇万戸に対して三～四割であるに過ぎない。新築住宅の戸数に対する倍数で見ると、米国の二次住宅流通市場は日本の一〇倍以上の巨大な規模をもっている。「米国に学び日本でも二次住宅債券市場を創設すべきである」との意見をもつ日米の専門家にこの様子を紹介したところ、後日「日本の二次住宅流通市場がほぼ皆無に近いことを知って衝撃を受けた。とても二次住宅債券流通市場創設どころの話ではない」との印象を漏らしたとのことである。

ところで、この指標の比較は正確ではない。なぜなら、米国の既存住宅流通戸数は毎年、全米不動産業協会（National Association of Realtors）から公表されているが、日本の中古住宅流通戸数に関する公的および民間の統計数字は公表されていないからである。これは、二次住宅流通市場の透明性とも関係があるのではないかと懸念しているが、二次住宅流通市場の透明さもまた重要であることについては後で述べる。

増加する既存住宅

日本では、住宅資産価額は土地価格と建物価格の合計数字で表現される。従来日本では、住宅資産価額の中に占める土地価格の割合が高く、それ故、建物価格の大きさは比較的重要視されてこなかった。実際、木造住宅の建物価格は二〇年でゼロになるというのが常識で、それを過ぎるとむしろ建物除却費用が負の資産価額として評価されるのが通例である。バブル絶頂期までは地価の上昇率が高く、この建物の経年にともなう急速な価値低下は問題視されることがなかった。住宅資産価額としては、建物の価値喪失を土地の価格増加が補ってさらに大きな余りがあったからである。しかし、この常識は米国では通用しない。

米国では、住宅資産価値を土地価格と建物価格に分離して表現する習慣がない。新築または既存住宅を売却するときには総価額のみが示され、建物の延べ面積が表されることがあっても敷地面積が表示されることはない。近年、東西海岸の大都市部での地価高騰の著しい所も見られるが、全米平均では地価は安く、住宅価格全体の四分の一程度とされている。そして、過去長期間にわたって、既存住宅の価格は安定的に五〜六パーセント程度毎年上昇を続けている(表2「既存住宅の価格の推移」)。建物の急速な減価は見られないのである。これらの住宅の多くがツーバイフォー木造住宅であり、組積造や鉄筋コンクリート造等の構造でできているわけでないことを指摘しておきたい。なぜなら、この急速に減価することのない米国の住宅資産価額を支えている要素の一つが、「住宅の耐用年数は百年以上」との常識があるからである。

住宅耐用年数の長さは、建物の構造・設備の高耐久性に主要な根拠があるのでなく(米国人に聞いても、日本人専門家の多くが百年住宅の条件とするSI〈スケルトン・インフィル〉のことを口にする人はいない)、住宅が金融の担保になっていて、住宅所有者が強制加入させられる自治組織HOAが環境管理を行い、不動産金融市場が所有者一人一人に個々の住宅を長持ちさせる動機付けをさせていることにある。それは、物理的にはインフラ、景観(landscape)と住宅というハードと、それに加えて住環境の維持管理（management）の仕組みのソフトすべて（CC&R）がそろって初めて成立するものである。住宅は住環境と一体にあるのであり、土地と建物と住環境は米国人にとって不可分なものである。この状況を説明するキーワードが「住宅資産」である。

表２「既存住宅の価格の推移（1989年～2001年）」

既存一戸建住宅の価格（中位値）

年	全米						
		（円換算）	対前年伸び率	北西部	中西部	南　部	西　部
1989	$89,500	¥1,070万		$127,700	$71,800	$84,400	$127,100
1990	92,000	1,100万	2.8%	126,400	75,300	85,100	129,600
1991	97,100	11,70万	5.5%	129,100	79,500	88,500	135,300
1992	99,700	1,200万	2.7%	128,900	83,000	91,500	131,500
1993	103,100	1,240万	3.4%	129,100	86,000	94,300	132,500
1994	107,200	1,290万	4.0%	129,100	89,300	95,700	139,400
1995	110,500	1,330万	3.1%	126,700	94,800	97,700	141,000
1996	115,800	1,390万	4.8%	127,800	101,000	103,400	147,100
1997	121,800	1,460万	5.2%	131,800	107,000	109,600	155,200
1998	128,400	1,540万	5.4%	135,900	114,300	116,200	164,800
1999	133,300	1,600万	3.8%	139,000	119,600	120,300	173,900
2000	139,000	1,670万	4.3%	139,400	123,600	128,300	183,000
2001（r）	$147,800	¥1,770万	6.3%	$146,500	$130,200	$137,400	$194,500

〈円換算は＄１＝¥120で計算した〉

（National Association of Realtors調べ：Last Updated on 02/27/2002　By NAHB Economics Department）

2——資産価値をうむ米国の住宅とはどんなものか

最近の米国の住宅開発のトレンド

米国の最近の住宅開発の特徴はゲーテッドコミュニティ（gated community）であると、日本では一般的に理解されているようである。文字通り住宅地を塀で囲み、数箇所に進入を規制するゲートを設け、高級住宅地で経済的にゆとりのあるものでは警備員を常駐させ、そうでないものは監視カメラや自動機械制御で有資格者のみに進入を許している。その発想の元は、もちろん治安維持であるが、その背後には、そこに住む住民が「自分は成功者である」ことを誇示したいという意識があると指摘する者は多い。開発事業を行ううえで、ゲートを設けることで、購入者への大きな訴求効果が期待できる。

コロラド州デンバーでインタビューした大手住宅地管理業者の幹部は、ゲーテッドコミュニティが治安維持に大きな効果があるという確かな証拠はないことを認めたうえで、「購入者自身が安全であると認識すると言うことが重要なのである」と表明した。セキュリティはビジネスになるのであり、ゲーテッドコミュニティはそのわかりやすい表現方法なのである。

住宅を塀とゲートで囲み、その中で治安を維持し、さらに美しい景観を強力な維持管理（米国人は management という表現を使う。この英語のニュアンスを一つの日本語で訳すことは難しい）の仕組みで経営することによって住環境が守られる。個々の住宅の外観（エクステリア）は厳しく制限され、勝手な建て替えや、さらには限られた色以外の壁の塗り替えというリフォーム（米国では、remodelingという）は許されない。住まいの快適さを実現し、頻繁に起こる可能性のある二次流通市場での取引き（現在居住している住宅の売却）での高値を実現するために、常に高水準の維持やリフォームが行われる。

住宅は一戸単位では十分な価値をもつことはできず、優れた住環境が整備されていて、初めて住むに値する価値をもつとするのが、米国人の常識である。そのためには、住宅が頻繁に建て変わっていては住環境の維持は難しい。住宅地は全体の調和をとって美しく設計されていて、住宅の建て替えをせず、そのままにしておきたいと思うように造られている。結果として住宅も住宅地も、百年を単位とした耐久性をもち、それが米国の資産価値の基礎となっている。それに安定的な人口増による量的な住宅需要が加わって、常に増加する米国の住宅資産が実現するのである。

ところで、日本での一般的な理解と違って、米国ではゲーテッドコミュニティとは異なるもう一つの住宅地開発手法が発展しつつある。ニューアーバニズム（日本語に直訳すれば「新都市主義」）というコンセプトに基づくＴＮＤ（Traditional Neighborhood Development　直訳すれば「伝統的近隣住区開発」）がある。米国の専門誌（『Builder』誌、二〇〇三年一月号「ＴＮＤ―それはまだニッチか、それともビルダーにとってメジャーな仕事か?」）では、この二〇年しか歴史のない住宅地開発手法が、現在では全米の新規住宅開発の三割を超えつつあると指摘する。

これは、ＤＰＺ等によって二〇年ほど前に開始され、一九九一年に有名な「アワニー原則」（一九九一年、カリフォルニア州ヨセミテ公園内アワニーホテルで宣言）としてまとめられたコミュニティ重視型の住宅地開発技法によるものである。米国の建国以来の伝統的住宅地の良さを再評価し、快適で美しい通りを計画し、それにすべての住宅が面し、通りに人があふれ、通りの人と住宅に住む人との間のコミュニケーションを生み、街への愛着と帰属意識が生まれることを期待する。

従来の土地利用の純化を求める米国の都市計画原則に反し、mixed-use（用途混合）を主張する。mixed-use（用途混合）とは、住宅、商業施設、業務施設、公益公共施設の混在、一戸建住宅、連棟住宅、共同住宅の混在、高所得者、中所得者、低所得者の混在、高齢者を含むすべての年齢階層の混在をいう。

二〇〇～一〇〇年前の自動車が人々の生活の足になる前のヒューマンネットワークに支えられた時代に普通にあった伝統的な home（「故郷」）と呼べる街をモデルとし、住宅のデザインも、地域の古い住宅の復元を求める傾向が強い。また、セキュリティを確保したいという要求が、ＴＮＤを求めた大きな理由でもある。地域は危険であるから、それから守る必要があると考えるのが、ゲーテッドコミュニティであり、地域の危険そのものを小さくしようとするのが、ＴＮＤであるとの整理も成り立つ。米国では、ＴＮＤの事例が増すにつれ、ゲーテッドコミュニティ開発との量の割合の差は小さくなりつつある。

住環境の維持管理

ゲーテッドコミュニティであれ、TNDであれ、米国の住宅地開発に共通することは、①住宅地開発のコンセプトを明確にし、②美しい景観を実現し、③建設された高水準の住環境を維持管理する、という三つの原則を厳守していることである。

この住環境の維持管理を支える仕組みが、HOA（Homeowners' Association 直訳すれば「住宅所有者協会」）とManagement Company 直訳すれば「住宅地管理会社」であるが、「管理」とmanagementでは少しニュアンスが違うのは前述の通り）である。住環境の維持管理ルールとHOAの構成は、デベロッパーがあらかじめ定める。住宅購入者はそれに同意したうえで住宅を購入する。

住環境の維持管理ルールは、CC&R（Covenant, Conditions and Restrictions）に具体的に規定される。HOAの役員は、住宅地の販売開始時はデベロッパーの社員が就任するが、販売が進むに従い購入者が順次代わって就任し、最終的に購入者のみで理事会を構成することになる。基本的な建築や管理ルールや手続きは、当初から定められたCC&RによりHOAとして定め、統治行政機関としての執行上の細かな事項は、理事会（BOD）が決定することになる。

プロではない人で構成するHOAの効率的・効果的な運営を支える専門機関として、住宅地管理会社がある。住宅地管理会社は、デベロッパーの子会社として設立されることも多く、開発事業の趣旨・目的を理解して、HOAの業務をBODの指示どおり実施することが望ましい。有力な住宅地管理会社はその評判を維持するため、適正でない（例えば必要な費用の積立て〈reserves〉を行わない等の）行為を訂正しないＨＯＡの業務受託継続を拒否することもある。いったん決めたマンション管理会社とは、契約を継続することが一般的である日本に対して、米国のＨＯＡと住宅地管理会社の契約は、毎年更新か、変更かの緊張感のある関係により、互いの立場から常に評価され続けている。

この、住環境の維持管理状況の適切さを含めて、住宅の資産価値が評価され、金融機関による抵当融資額が決定される。適切でない住環境の維持管理の実態は、直ちに二次住宅流通市場に跳ね返ることになる。米国では適切な住環境の維持管理は、日常の住民の安全・快適さと二次住宅流通市場での資産評価の二つの側面から厳しく審査されることになり、情緒的・文化的な側面のみが強調される感のある日本の住環境についての議論とはまったく違う土俵にある。

ところで近年、米国ではデザイン重視の声が専門家の間で急速に強まりつつある。従来より、米国の住宅ではデザインが重視されてきた。多くの者が「米国の百年住宅を実現している根拠は、様式（スタイル）を厳守した住宅デザインである」と認めている。と同時に、建物だけでなく、住宅が建つ周辺の住宅地環境の良さが、米国住宅の資産価値を維持し、向上させる要因であることは、すでによく知られている。これに加え、新しい住宅地づくりの中で、このデザイン重視の傾向がさらに強まりつつある。

カリフォルニア等を中心に、米国でも最近は地価上昇の傾向が目立ちつつあり、今までのような開発前の素地価格を、タダと見なすような住宅地開発も限界を越え、住宅敷地規模が縮小しつつある。

この制約の中で、住環境を快適にするとともに、資産価値を誇れる良質の住宅地とするため、敷地と建物を一体として設計する手法が採られつつある。高密度住宅になれば、敷地単位に特定の様式の枠の中で、住宅購入者に自由にパターンブックから住宅プランを選ばせるというようなことでは、相隣関係を含め、良質の住環境を実現することが困難であるからである。

「デザインとは、高密度の住宅地を美しくする建物、景観およびインフラの高水準の一体設計のことである」というのが、筆者が現場を見たときに抱いた印象である。実際に、デザインがいい住宅地とそうでない住宅地では、売行きに大きな違いができ、建設後の二次住宅流通市場での既存住宅取引価格の伸びにも、大きな差が出ているとの指摘がある（例えば、デザインを重視するニューアーバニズムによる住宅地開発の価格増加分析を行ったものがあり、それを表3-1、表3-2に示す）。

美しい住環境を実現するため、日本には必ずあるが、米国には決してないものが二つある。電柱と物干し（洗濯物と布団）である。東京の郊外に開発された米国型の美しい住宅地を雨模様の日に見て感激し、週末にもう一度写真を撮るために訪れたところ、バルコニーの洗濯物と布団の満艦飾に景観が阻害されているのを目のあたりにして、大いにがっかりしたことがある。そして米国に必ずあるが、日本ではほとんどないものが、剪定のされ過ぎていない並木である。

ニューアーバニズムによる住宅地開発の価格増効果分析（出展“Valuing The New Urbanism” Mark J Eppli and Charles C. Tu）

表3-1　平均的な一戸建住宅価格の比較（1994～1997）

住宅地開発事業名（立地する州）		ニューアーバニズムによる開発（A）	周辺類似の開発（B）	格差（A／B）
ケントランド	MD	$294,280	$231,260	1.27
ハーバータウン	TN	204,340	92,120	2.22
ラグナウエスト	CA	166,110	141,230	1.18
サザンビレッジ	NC	240,410	217,180	1.11
ノースウエストランディング	WA	160,970	142,620	1.13
セレブレーション	FL	279,510	117,030	2.39

（実際の販売価格を単純比較したもの）

表3-2　ニューアーバニズムによる価格増

	増価格	増価格率
ケントランド	$24,603	13%
ハーバータウン	30,690	25
ラグナウエスト	5,157	4
サザンビレッジ	16,334	9
平均	20,189	11

（他の要因を排除しニューアーバニズムによる要因のみを抽出して比較したもの）

3 ― 米国の住宅産業構造はどのようなものか

ホームエクイティローン

米国には、常に増加する既存住宅の二次住宅流通市場価格を前提にした「ホームエクイティローン」という巧妙な仕組みがある。これは、毎年不動産評価価格（消費者、不動産業者、金融機関が共有するもの）が安定的に五、六パーセント上昇し、住宅所有者のローン元金の減少と合わさって、不動産評価価格とローン残高の間に毎年（既存）住宅価格の一割程度の隙間ができ続けることに着目した巧妙な金融制度である。この仕組みをわかりやすく説明すると、以下のようである

これは、ホームエクイティローンを供給する米国の有力金融機関の消費者向け説明を要約したものである。

住宅の資産価値を根拠として借入れをする方法の評判が急速によくなっている。これには二つの理由がある。低金利と税控除である。一九八六年の税制改正で、ほとんどの消費者購入が税控除の対象になったときに、ホームエクイティローンが商品を買い、かつ税控除を受けることのできる方法になった。

例えば、あなたが九五〇〇〇ドルの住宅を買い、二〇パーセントの一九〇〇〇ドルの頭金を支

払ったとする。あなたは残りの七六〇〇〇〇ドルを第一抵当の対象とする。住宅購入の契約を行った日に、あなたは自動的に二〇パーセントのエクイティ（純資産）を手に入れたことになる。元金を返済し、あるいは住宅の価格が増加するに従って、あなたのエクイティは増大する。あなたが一二〇〇〇ドルの元金返済をし、購入したとき九五〇〇〇〇ドルであった住宅の価格が現在一一五〇〇〇ドルとする（筆者注。一般的にこの変化は数年で起きる）。あなたの当初のエクイティ（一九〇〇〇ドル）にあなたが返済した元金（一二〇〇〇ドル）と、あなたの資産の増加額（二〇〇〇〇ドル）を加えた総額の五一〇〇〇ドルが、あなたのエクイティとなる。そして、あなたはエクイティを担保として融資を受けることができる。これを図示したのが、図1「ホームエクイティローンの仕組み」である。

エクイティは、自分の住宅を売却することなく利用できる価値のある資産である。そしてほとんどの人にとって住宅が最大の資産であるため、貸し手はホームエクイティローンを安全なローンと考えているのである。また、この理由で、貸付金利はその他のローンより低く設定されている。ほとんどの人が約八年間同じ職に就き、同じ住宅を保有している。ローン支払い不能に陥る人の割合は、二パーセント以下である。

米国のホームエクイティローンにより、二〇〇一年の米国の家計は、可処分所得の一・〇パーセン

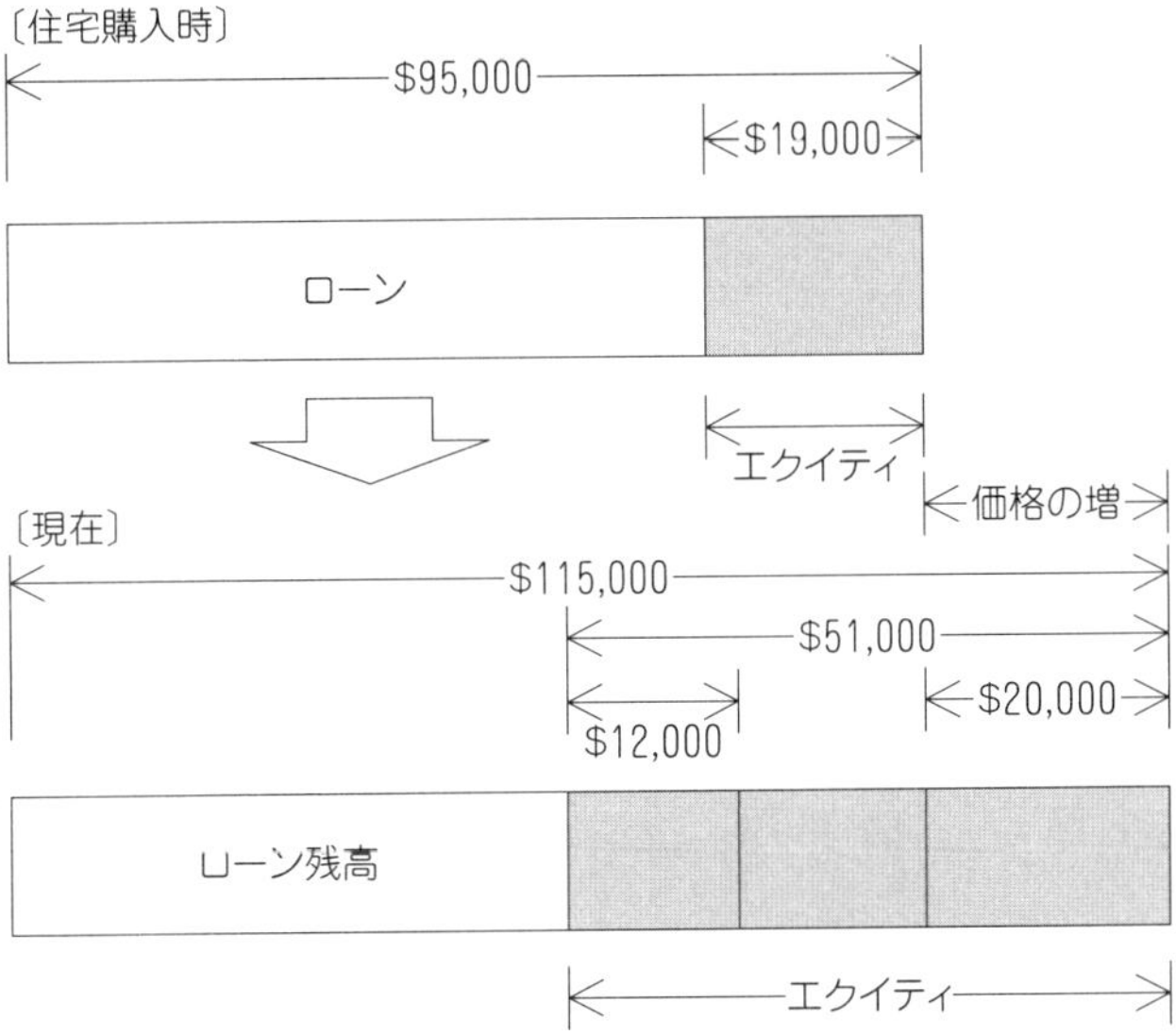

図１　ホームエクイティローンの仕組み

ト、また、類似のキャッシュアウトリファイナンスローンにより、〇・六パーセントの資金調達をそれぞれ行っており、家計の住宅資産増分の支出拡大効果（六・七パーセント）は、株式の資産効果（四・五パーセント）より大きいとの分析報告（ＵＦＪ総合研究所調査部〈東京〉の調査レポート〈「米国の消費を支える住宅の資産効果」〉）もある。

既存住宅の資産価値増加が、多くの住宅所有者の消費活動を活発化し、米国経済全体に活力を加えているわけだが、それが既存住宅の売買を要するわけでなく、市民が住宅を保有し続けたまま住宅の資産増加が直接、消費者市場に購買力を追加できることが特徴である。また、ホームエクイティローンで得た資金の半分は、別の住宅購入や住宅リフォームを通じて、住宅産業界に直接還流していることについても注目すべきである。既存住宅の資産価値の増加が、消費者のみならず、金融機関（リスクの少ない融資業を行える）や、不動産関連企業（不動産関連市場が拡大する）を直接利しているのであり、住宅産業構造の重要な好循環システムの構成要素となっているのである。

米国の住宅産業構造の構成要素

ホームエクイティローンを成立させるような市場構造をもつ米国の住宅産業の要素を項目別にみると、以下のような事項が浮かんでくる。ホームエクイティローン成立の前提は、住宅（土地と建物をあわせたもの）の不動産価値が安定的に増加するということである。すなわち、土地と建物の両方が長期間にわたって（例えば、二〇～三〇年以上、できれば五〇年以上）価格が上昇するか、少なくとも値下がりしないことが必要となる。米国の場合は、土地と建物が独立して評価されることはないが、日本では、土地と建物を別々に分けて評価することが慣わしとなっているので、そのしきたりに従って、まず建物について考えてみる。

（1）住宅については、基本的に非償却資産であり、「償却」という概念を取り除く必要がある。望むらくは、米国のように不動産評価が下がらない、あるいは上昇することが必要である。このことは、以下のことを要求する。

①建物の耐用年数が一〇〇年以上になり、毎年の物理的価値低下がわずかで、その他環境等のプラス要因がその低下をカバーできなくてはならない。

※住宅の建物耐用年数についての国際比較は、数字が定着していない。国土交通省推計では、日本の住宅の耐用年数は二六年、米国の住宅の耐用年数は四四年とされている。一方、国連統計では、日本の住宅の耐用年数は三〇年、米国は一〇三年とされている。実感としては、後者のほうが現実に近い。ポートランド（オレゴン州）で会った住宅地管理会社の幹部（女性）は、「私の家は建築されてすでに四〇年経っているけれど、〝古い〟なぞと考えたことなんかないわ」と筆者に述べたものである。新築住宅に人気がある一方で、「一〇〇年以上経った古い住宅は、かえって値が高い」との指摘は多い。

②建物が不断に、高水準でメンテナンスされていなければならない。ただし、住宅の構成材料の劣化に対しては、修繕積立金を用意し、適正な修繕を施すことで当初の住宅の効用は持続できる。

③建物が、多数の消費者に受け容れられ、時代の変化にも耐えられるものでなければならない。住宅は、安定的で汎用的なデザイン、間取りのものであり、高い既存住宅販売価格が保証されるようなものとなっている。伝統的な住宅地開発では、既存のスタイル〈デザインの様式〉を忠実に守っていることが、高い評価を得るためには必要とされている。このことは、生涯に一回の建築であるので、デザインや間取りは施主の「勝手気まま」でよいとする日本の持ち家住宅の基礎的概念とはまったく違った考え方である。

ニューアーバニズムのコンセプトに基づくＴＮＤを中心とした先端的な開発では、地域の歴史や文化に根づいて耐久性が高く、より高品質のデザインを求める傾向が強い。そして、特に高密度開発地区においては、デベロッパーがデザインしたものを、購入者に選ばせる方法が一般的で、どれだけ自分のライフスタイルや好みにあった住宅に設計したいという消費者の要望に沿えるかが、ハウスメーカーや工務店の重要な訴求事項になっている日本とは大いに事情を異にする。

（2）土地の価格が、安定的に維持されなければならない。

①米国の場合は、毎年すべての州で人口増加が見られ、常に量的な需要圧力があり、基礎的な住宅不動産評価価格の下支え効果を及ぼしている。また、高水準の住環境を強力な維持管理の仕組みを通じて保持し、さらには時間経過によって住環境が成長する（例えば、樹木の成長によって住宅地の景観と品格が増す）ことに多大の努力がなされており、時間経過によって既存の住宅地の資産評価が落ち込むことが避けられている。

②前述のように価値を維持し、あるいは向上させる地区の不動産価値を適正に評価する不動産鑑定の技術が確立され、不動産業界および特に金融業界でその技術に基づく新たな不動産評価が認められている。また、これを成立させる前提として、住宅の二次流通市場においても、住宅の資産価値がすべての者に共有されている。すなわち、すべての住宅取引価格が公開され、誰でもどの住宅がいくらで売買されたかを知ることができる。

俯瞰した米国の住宅産業構造

米国の住宅産業構造を俯瞰して、その相対を理解することを助けるのを目的に、全体の流れを目で見えるようにモデル図にまとめてみたのが、図2（「米国の住宅産業構造モデル」）である。消費者、住宅産業者と金融機関のそれぞれの利益追求が住宅産業構造全体の発展につながり、また政府の住宅施策が効果的にそれを支えている様子が理解できるかと思う。

米国の住宅地を訪れると、その美しさに圧倒される。米国の消費者経済構造の力強さと、住宅文化の高さの両方を、同時に肌に染みるほど感じさせられる。カリフォルニアをはじめ、一部の地域では地価高騰が進み、日本に近いほど高密度の住宅開発がなされ始めている。しかし、米国人はそのような厳しい状況に臆することなく、新たな高水準の住環境をもった高密度住宅地を開発しつつある。高い地価、高密度市街地は、低質の住宅や住環境しか供給できないことの口実になってはいない。むしろ、開発された新しい住宅地整備手法が、米国消費者の心を捉え、そのような高密度住宅地の同じ床面積の住宅のほうが、近隣の伝統的な低密度住宅地よりも、高値で売れるという現象まで出始めている。「窮すれば通ず」を実践する米国の住宅産業界の人々の創意工夫、そしてそれを支える努力に敬意を表して、この章をとじる。

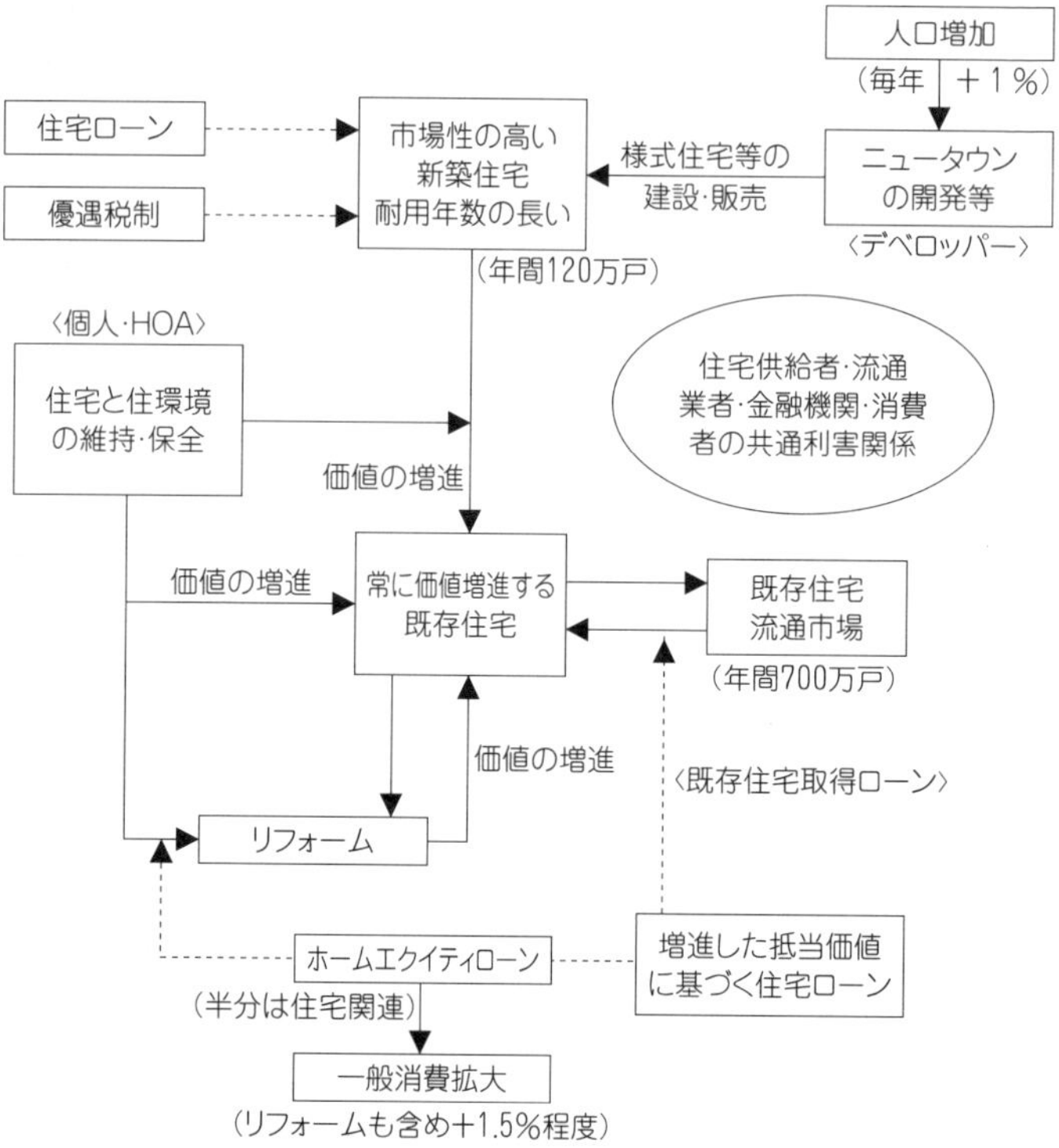

図２　米国の住宅産業構造モデル

2章　リースホールドによる住宅地開発

1 ― なぜリースホールドが必要なのか

住宅による資産形成の手段

米国で住宅不動産による資産形成が実現できている理由は、住宅地を計画どおりに熟成することにより、人々が憧れる効用を提供する住宅地として計画し、建設し、管理運営されているからである。その経営の基本は、英国の荘園領主による資産形成の方法に倣って、エベネツァ・ハワードがガーデンシティの都市経営を、都市経営者自身が地主となって、リースホールド（借地）により、都市経営の定式化の途を確立したことにある。英国では、その方法がニュータウン経営に伝承されたが、米国では国民が土地所有すること（フリーホールド）により、個人の資産形成を追求することになった。そのため、米国では、リースホールドにおける土地所有者が、開発地全域に対して果たした不動産の資産管理を分譲住宅地において、確実に実施する方法が必要とされた。

不動産は文字通り移動させることができない財産である。各宅地の効用は、その宅地自体の中で自己完結しない。居住した住宅を拠点にして、居住者が日常的、または非日常的に享受することになる環境によって、宅地の効用は維持される。一戸では実現することができない生活環境でも、共有緑地を囲む最少六戸の住宅があれば造ることができる。向こう三軒両隣りという道路を隔てた延長五〇メートル程度の街並みは、周辺地から守ることができる最小の住宅地を形成する。

十九世紀、米国の住宅地分譲業者は、住宅地の環境形成の基礎的技術として、道路と壁面線後退（セットバック）によるストリートスケープと、住宅地の高級さを表す公園の建設を、開発の不可欠な条件に定めた。そして、住宅地の品質を最終的に決める要素は、居住者自身であることから、社会的差別を受けている人種の排除を行った。それらが制限約款証書（ディードリストリクション）において登記された物権として、所有者の移動に左右されない土地に付着した制限として土地利用者を拘束した。このような規制が米国社会で効力を発揮できた背景には、英国におけるリースホールドによる土地の経営管理の歴史と、不動産の管理についての理論と実践を裏付けた慣習法があった。

国家が制限約款証書を、慣習法によって担保する仕組みがあっても、住宅資産を積極的に価値ある資産につくり上げ、維持管理することはできなかった。制限約款証書は消極的な環境保護、または環境破壊の阻止に最低限の効力を発揮することができても、英国の荘園領主やガーデンシティのように、積極的に資産形成やその管理運営をするものではなかった。住宅地の資産形成を実現するためには、環境管理を推進し統治する主体（法人）が必要であることが認められた。

ラドバーン（ニュージャージー州）開発は、自動車が日常生活の足に採り入れられた時代の、歩車道分離の最初の事例として知られているが、それと同時に、住宅地分譲事業者（サブディバイダー）とは別に、開発地の経営主体が主体性をもって住宅地経営をするシステムを生み出したということで、その後の米国の都市開発にとって、エポックメーキングな事業とされた。それがＣＣ＆Ｒ（都市経営管理約款）とＨＯＡ（都市環境管理法人）である。これらの制度は、リースホールドによる都市経営をフリーホールドに転換するようになって必要になったものである。

日本は現在までフリーホールド（分譲持地）によって住宅地開発が行われてきた。しかし、日本には住宅地を移動することができない財産（不動産）として捉える認識は薄く、逆に、土地の流動化、土地の商品化という言葉に代表されるように、土地を宅地単位で自由に利用できるという考え方が強い。それは、戸建住宅地にアパートやマンションの建設を容認したり、商業や業務用途の侵入を許容する都市計画や建築行政によって、法律上可能になっていることと裏腹の関係にある。そこには、高地価になるように土地利用を更新することを、都市成長や都市再生と見るスクラップアンドビルドを支持する都市計画の思想や政策が行われてきたためである。さらに、民法によって、その上下に及ぶとする土地の所有権を絶対視する考え方が歪んで誇張され、土地は私的に所有されてはいるが、都市空間は社会的に利用されているという事実を看過した行政および司法の対応の歴史がある。

土地利用規制を、日本では計画高権の行使という権力的な上位下達の視点で捉え、土地の私的所有と都市空間の社会的利用との矛盾を止揚するものという視点で捉えていない。そのため、日本の都市計画は、公共の利益を大義名分にかざして、私権を制限し、または私権を収用することを正当化する手段としての役割を果たしてきた。一方では、土地所有権の絶対化を援護する反面、公共の利益はそれをさらに上回る絶対的権威として国家権力により裏付けてきたのである。

都市、または住宅地全体としての資産価値を最大にするために、都市計画が必要であるとして、欧米都市計画の原点は、実は都市、または住宅地という全体の資産を一元的に環境管理する荘園領主やガーデンシティの土地所有者の都市経営の考え方にある。つまり、リースホールドによる都市経営に戻ることが、最もわかりやすい形で資産形成のできる都市経営や住宅地経営に立ち戻らせることができる方法といえる。

日本の定借とリースホールド

日本の定期借地権による住宅地開発事業は、英国のリースホールドによる事業と基本的なところでまったく別な事業になっている。日本の定借事業は、単に住宅地の暫定仮利用的な性格を骨子としているのに対し、英国のリースホールドによる住宅地開発事業は、恒久的な都市資産形成事業として取り組まれたことにある。日本では、土地は最終的にその所有者が恒久的な土地利用を自由に決定することになるが、その決定までの間、収益性の見込まれる暫定利用をさせるという考え方のうえに定借事業が構築されている。この考え方は民法で定める土地所有権の絶対性を、いたずらに強調し、土地が移動することができない財産（不動産）であるという性格を軽視している結果、散在宅地の定借事業を野放しに許容し、無秩序な市街地形成に手を貸すという間違いを犯してきた。

土地を購入しないで住宅が建設できるという、目先の建築費用に資金が集中できることで、これまで粗末に扱われていた外構や植栽のために、少し費用を振り向けることによって、住宅の外からの見栄えがよくなった。そのことを環境形成やランドスケーピングと誇大広告宣伝に使っているのが、日本の定借事業のほとんどである。

英国の荘園領主（ランドロード）によるリースホールド事業は、その領地の将来に向けて熟成する資産を、借受人に対し賃貸料を徴収しながら実現しようとするものであって、個々の宅地ごとの外構造園をつくることの関心は薄く、領地全体としての環境をピクチャレスクに設計し造ることを目的に、借地条件を定めていた。借地期限が完了した段階の不動産は、当然、荘園領主に帰属する。従前の借地人は、その不動産をその後も継続して利用することも可能であるが、その場合は、定借期間完了日までに、借地人が建設した住宅を含むすべての財産を、新たにリースするという条件の下に許されることになる。

つまり、英国のリースホールドは、その後エベネツァ・ハワードの手により、ガーデンシティ経営という近代的都市経営技術に再構築されることになるが、その経営の基本は、ガーデンシティの事業開発および都市管理経営会社が、荘園領主と同じ土地の所有権を一元的に支配するリースホールドにより行うというものであった。都市空間の経営は、個々の住宅所有者に対して、恣意による土地利用を容認することによっては、無政府状態の都市空間の混乱になってしまう。都市の経済活動を費用対効果を最大にして、都市内での不必要な摩擦による不経済を最小限にするためには、経済活動を交通整理する計画が必要であるとハワードは考えたのである。

都市に必要な住居、商業、工業、公共等の土地利用は、その支持する経済基盤が相違するため、放置すれば弱肉強食による無政府状態が発生する。それを計画制度により合理的に制御するため、地代負担能力の相違する土地利用の区分を行う考え方が導入された。その計画を担保する権力を、ハワードは土地所有権者の権力に求めたのである。

リースホールドというシステムは、基本的に土地所有者が、最大の不動産賃貸料を手に入れる制度として生まれた。土地所有者にとって、全体の土地から手に入れることのできる賃貸料収入を最大にするためには、そこでの居住者に高い満足を提供できる環境をつくらなければならない。都市や住宅地は、それが計画どおりに熟成されるならば、その場所に生活する人々には、より高い満足感を与えることができる。当然、多くの人々は、この地の優れた生活を求めて集まってくる。人々が憧れる住宅地であれば、それだけ需要と供給との関係を反映して不動産賃貸料は上昇する。土地所有者の不動産賃貸による収益は当然増大する。

ハワードは、荘園領主の実施してきた不動産経営事業を近代的な都市経営に読み替える作業を、ガーデンシティの理論として実現したのである。リースホールドは、都市経営利益や都市熟成の利益を、漏らすことなく都市経営者の手に落とす方法として、ガーデンシティ理論の中で明確にされることになった。ハワードは、ガーデンシティ自体に利潤追求の本来的目的を負わす必要がないとして、その利益を住民に対して再配分することを示唆している。しかし、第二次世界大戦後、住宅地経営が利益追求の手段として魅力があると考えられ、レッチワースガーデンシティの株式乗っ取り事件が発生したことは、リースホールドによる不動産経営の利益実現の可能性を証明することになった。

リースホールドは、都市や住宅地という環境を一元的に管理する経済的、権力的支配単位に対応する不動産経営であって、資産形成を意図しない土地の暫定利用の制度ではない。日本では住宅会社が、住宅販売を目的として定借事業を推進してきたため、各敷地に外構や植栽を少し充実させた程度の目先の住宅販売促進の手段にしかなり得なかった。

2——一〇〇年定期借地権の実践事例

消費者の立場から見た定期借地期間

日本で最初に一〇〇年定期借地権による住宅地開発を、ロッキー住宅が行った埼玉県さいたま市緑区の武笠ガーデン開発地区は、旧浦和市郊外にある。気候的には大変穏やかで、台風や雪害などのない畑作地帯で、近年急速に宅地化が進んでいる地区である。

地理的には、京浜東北線、東北線、高崎線、埼京線、新幹線も利用でき、東京と浦和間はＪＲで二〇分の時間距離にある。自動車交通も、渋滞がなければ、日本橋まで三〇分の時間距離にあるが、現在は渋滞のため、その二倍以上要するほど開発が急速に進んでいる。

浦和は、関東大震災、東京大空襲などで焼け出された人々が、川口から浦和の台地に住宅を建て始め、東京オリンピックが開催された一九六五年頃から、東京に通勤するサラリーマンの住宅地として急開発されていった。

居住者の出身地の傾向としては、東北や信越、北関東に故郷をもつ人の比率が高い。当地は、首都改造計画の五つの業務核都市の一角として、首都圏中央連絡道路が完成して、東京が東アジアの中核としてのハブ都市機能を担う段階では、現在の新宿、渋谷、池袋、上野に通勤するような首都機能の中核都市に熟成することが見込まれている。

ロッキー住宅は、浦和市の地主が、その土地の優良住宅開発によって資産形成に資することを目指して出資をし、これらの地主の資産管理の世話をする税理士が代表者となって設立された建設業者である。その経営方針は、地主の利益を中心に、どのような土地利用をすればよいかという視点で経営が取り組まれてきた。その結論が一〇〇年定期借地による住宅地経営であった。

ロッキー住宅の事業展開の中で、定期借地権事業としては日本ではまだ新しい事業が、欧米では何百年という歴史をもっていて、ロッキー住宅が取り組んだ一〇〇年定期借地権に対応する事業が、英国では十九世紀末から九九年リースホールド（定期借地権）による不動産事業として行われていた。偶然の一致であるが、ロッキー住宅が考えた一〇〇年の考え方は、次のような検討結果である。

ロッキー住宅では、借地借家法の規定が五〇年以上の借地期間と定められていることから、当初五〇年で検討を始めた。しかし、地主の住宅地経営にとって重要なことは、開発した住宅地が高い住宅需要で恒久的に支持されて、いつも売り手市場でなければ、予定した地代を徴収し続けることはできないので、住宅購入する消費者の視点から検討をすることになった。

定期借地権による住宅地開発を進めてきたハウスメーカーや電鉄会社は、例外なく高地価のため、土地付き住宅の販売が壁に突き当たっていた。そこで、地価を表に出さないで住宅を販売する方便として、定期借地権を利用していた。住宅を売り抜けてしまえば、後は地主と借地人の問題で、不安がる両当事者の間に入って、住宅地経営を請負うといっても、いつでも足を抜ける立場である。これらの業者にとっては、住宅を売ることが目的で、借地期限満了時の扱いは不明朗なまま先送りにしてきた。その不安が定期借地権事業の発足後、十余年目になって事業の足を引っ張っているのである。

ロッキー住宅での検討は、次のようなものである。仮に、住宅購入者の夫が三〇歳で妻が二六歳とすると、借地期間満了時は、それぞれ八〇歳と七六歳になる。長寿国日本の平均寿命は、男七六歳、女八〇歳でまだ延長される可能性が高い。その時点で、日本の定期借地権制度で説明されたように、借地人に土地の更地返還させることは、はたして社会的に理に適っているのだろうか。五〇年間にわたって育まれてきた人間関係や、住み慣れた生活環境、家族や友人達の思い出の詰まった環境、人間の労働でつくられた文化的環境を破壊して更地にしなければならない正当な理由はない。また、そこに住み続けていたいと願う終の棲家としての住宅を強制的に追い立てて、老人を他の場所に移すという考え方も、人間として社会的に納得させることはできない。

そこで、一〇〇年にすれば、少なくとも三代の世代は生活が続けられるし、それまでの間にどのようにすればよいかという方法も発見できるに違いないと考えた。筆者らが見学のために出かけた英国で、リースホールドで賃貸借した土地を、借地期間満了時以前に譲渡することも、時代の環境の中で起きており、何も現時点で一〇〇年先のことまで確定する必要もないことがわかってきた。

しかし、英国のリースホールドのシステムで基本的に尊重されていることは、住宅地は当初から恒久的な住宅地として計画的につくり、計画どおりに管理熟成させることで優れた資産を育て、借地期限と同時に、その土地利用を変更したり、更地にするといった国富を無駄にすることは絶対にしないということである。

地主にとっての資産管理

第二次世界大戦後、占領軍の指示の下に実施された農地解放により、農地における大地主制は事実上崩壊した。しかし、一九六〇年、日米安保保障条約で、憲法第九条の関係で軍隊を保有できない日本の国防を米国に依存する代わりに、米国の要求する自由化を受け容れることで、日本の炭鉱の閉山と農業構造改善が進められて、都市化が一挙に推進されることになった。都市化する人口を収用するために、政府は公営住宅、公団住宅、公庫住宅の三本柱による住宅政策を、昨年までの八期にわたる住宅建設五ヵ年計画で進めてきた。

住宅建設を進めるためには土地が必要である。政府は土地の宅地開発を事業によって推進するとともに、遊休土地の積極的活用を促すため、農地や遊休地に対する宅地並み課税を推進してきた。農地所有者は、農地のように農業経営収入では負担できない税負担を強いられる結果になり、納税に必要な額の資金を手にするため、土地の切り売りを余儀なくされてきた。農業経営の中心である米作の場合、一反で八俵の収穫が得られて、一俵一万八〇〇〇円で米の買い付けがされても、一反で一四万四〇〇〇円である。一町歩（一〇〇反）で、一四四〇万円である。全体の八割は農業の直接費用で消えていくため、よくて二九〇万円程度の粗利益しか得られない。

そのため、三町歩以上ないと専業農家としては成り立たない。その結果、大多数の近郊農業は、第二種兼業農家として、一般の勤労者として働き、片手間に農業を営むということになる。大多数は一反歩程度の農業者であるが、その農地が宅地並み課税を受けるとき、坪四五万円と評価されると、一億三五〇〇万円の土地資産であると評価され、都市計画税と固定資産税の合計は二三〇万円になる。農業収入は、利益として年間三〇万円程度であるので、残りの二〇〇万円は勤労者の賃金から支出することになる。

つまり、地主は高い資産評価を国税からされるほど、高い税を支払わされ、勤労者の生活を圧迫されているのである。実際の農作業は、おじいちゃん、おばあちゃん、かあちゃんの三ちゃん農業として営まれてきた。しかし、おじいちゃん、おばあちゃんは亡くなって、相続が発生すると、前例の一反歩所有者は、約四〇〇〇万円の相続税の支払いが義務付けられるため、所有する土地の約四割強を売却しないと納税ができなくなる。納税額は三割弱であるが、土地売却にともなう税負担が約一割付加されるためである。このようにして、土地所有者は三世代の相続で土地を全部手放さなければならなくなる。

このようにして、強制的に売却された土地が都市部での宅地供給となり、無計画で行き当たりばったりなスプロール開発を誘導して、既成市街地に寄生した道路公園などのインフラストラクチャーと電気ガス、上下水道のタコ足接合開発が進んでいく。それがどこまでも貧しい都市のスプロールになっている。

農地が都市的土地利用に転換されるのは、各土地の利用だけであって、開発地の環境整備は基本的に行われていないため、都市的環境の未整備な貧しい都市が拡張し、都市は熟成しないで、腐っていく。住宅地としてのデザインもなく、都市的生活環境のないところに、住宅だけ過密に詰め込まれていく。これは相続税等の税制度が貧しい環境をつくらせているのである。

このようなスプロール開発は、ハウスメーカーや中小デベロッパーがそれぞれの趣向を凝らして、「差別化」の名の下に、隣地とは違ったデザインやコンセプトとして開発に取り組むため、そこにできあがったスプロール市街地は、まったく無政府状態の貧しい住宅地となり、町全体の資産価値を下落させることになる。特に、農地のときの地形、農道等が基礎となって、農地の一部宅地化が進むことになるため、農地の構造に住宅が建って、歪んだ都市の骨格を固定化することになる。そのため、相続税の支払いための農地の切り売りにより、都市は貧しい開発を誘発し、折角の更地を仕立ての悪さによって、再生不能の不良環境にしている。その結果、本来計画的に開発をすれば、立派な住宅地が造られて、高い税収のベースができるところを、貧しい税制により、税収を悪くしているのである。

農業経営者は、相続税の支払いという生涯に一度の事態に対し、実際に死亡が発生しないかぎり、現実的な検討が相続人によって行われることは滅多にない。しかし、最近は相続税対策という口実で、地主への呼び掛けが盛んであるが、その多くは土地を利用したい不動産業者の利益追求が中心であって、地主のための本当の資産の保全を考えているものではない。

地主は、まず所有する土地から手にする収益としては、土地の賃貸料収入しかないことを正しく理解する必要がある。次に、土地の管理費用として、最大のものは税負担であるが、住宅用の土地利用をすれば、一宅地当たりの面積が二〇〇平方メートル以下であれば、固定資産税は六分の一、都市計画税は三分の一になり、全体では五分の一（地価の〇・三四パーセント）になる。賃貸借人は地主の土地に、自らの大切な住宅という財産を建設して、そこに根を張って、恒久的に賃貸料の支払い者になってくれる。

よく地主にアパート経営をそそのかすハウスメーカーなどがあるが、そこの居住者は何にも縛られないため、渡り鳥のように移動してしまう。居住者の補充ができなくなれば、収益はなくなる。

資産形成と租税からみた資産管理

時価坪四五万円内で一〇反（三〇〇〇坪）の宅地並み課税を受けている武笠ガーデンが、これまで支払ってきた固定資産税および都市計画税は、年間三〇〇万円である。しかし、この土地が住宅地に開発されると、その税額は六〇万円と五分の一に縮小される。相続税の場合は、時価ベースで一三億五〇〇〇万円の資産であるが、定期借地権が利用されていることで、地主の持ち分は六〇パーセントと見なされるため、資産額は八億一〇〇〇万円と査定される。そこから控除額を除いた額に三〇パーセントの相続税が課せられる。つまり、約二億数千万円の相続税となる。しかし、住宅による定期借地権利用がなければ、その約二倍の四億円の相続税の支払いが義務付けられる。

きわめて大雑把な試算であるが、このことからも、土地はその資産評価が高いほど、大きな納税義務を負う。しかし、その土地で住宅建設を借地として実施させると、保有税（固定資産税および都市計画税）は五分の一になり、相続税は約六〇パーセントに減額になる。

しかも、土地を住宅地として賃貸借に供することで地代収入が得られる。その地代は時価の二パーセントとするならば、年間二七〇〇万円の収入になる。地主とは、土地が生み出す収益として、土地の賃貸料をいかに最大化し、その土地を維持管理するための費用を最小にするかを経営の基本に考える階級である。

よく土地の売却を考えている地主がいるが、土地を売却することは地主をやめることで、その思考は地主の思考ではない。土地が高値で売れれば、売却益は大きいのと同じことだが、土地賃貸でも賃貸料を高くできれば、その利益は大きくなる。しかし、そのいずれも売り手側の思いどおりに決まるわけではなく、需給関係で決定され、全市場では平均的利益を軸に変動することになって、土地取引きと土地保有のいずれかが有利という決め方はできない。ただし、地主として利益を追求しようとするならば、収益を最大にし、支出を最小にすることが、最良の資産運用方法であることは決まっている。最大の地代収入とは、単に地代の単価だけで決まるものではなく、同じ面積の利用率や空地率など、事業運営の条件も収益には大きく影響することになる。

武笠ガーデンの開発では、開発の一部が完了した段階で相続が発生することになった。これを通常の相続によって処理するとなると、開発地が相続人によって分別所有され、一元的な管理ができなくなる。欧米の住宅地開発の場合には、各住宅地ごとに一元的な管理主体をつくることによって、環境管理ができている。例えば、英国のガーデンシティの場合でも、ニュータウンの場合でも、開発および管理事業者自体が法人地主となって、開発地全体を維持管理している。

日本の場合においては、地主が土地を出資して、法人地主として環境管理をする英国のような方法をしようとしても、税法上土地の出資を譲渡とみなされて、取得税が課税されるため、地主による出資で住宅地管理法人をつくることは、税制による不利益のため実行できない。

武笠ガーデンの場合は、住宅地の一元的管理は絶対に必要であるとする立場から、長子が一元的に財産を相続し、長子以外の相続人に対しては、その相続財産相当分の地代収入を一定期間にわたって支払うという方法が採用された。この方法によって、土地の分散を防ぐことができることになった。

また、相続が発生した時点で、相続税支払い分の現金が手元にない地主に対して、武笠ガーデン開発の事業の完成に向けて、納税義務を地代収入が追い付くまで延納とすることを、国税庁に対して要請した。この時点で相続税分の支払いを強要されれば、この住宅地計画自体の一部の土地を売却せざるを得なくなって、計画内容は大幅な見直しが必要とされるところであった。

国税庁は、武笠ガーデンの過去の実績を評価して、基本的に計画の実現を全面的に支持するということで、納税の延滞を認めることになった。ただし、その延納に対しては、担保としての不動産の提出が求められた。そこで、武笠ガーデンでは、これから建設を始めることになっている更地部分を、担保に提供してもよいという意志表示を国税庁に対して行った。しかし、国税庁は、更地の土地を担保に取らず、代わって、すでに住宅が建設されて、定期借地権付きで賃貸借に供している部分の土地を担保に押さえたのである。

この国税庁の判断こそ、土地が生み出すことができる収益は地代であるという経済の原則に着目したものである。すなわち、更地は管理料の掛かるマイナスの投資であるだけではなく、現代のように空地の残存料が明らかになって、今後宅地の需給関係が長期的に買い手市場になっているときは、仮に差し押さえた土地を、将来売却しなければならなくなったとき、現時点で担保にとった価値を実現する保証はない。

一方、定期借地権によって時価の二パーセントの地代という収益をあげている土地は、借地人にとって自分の住宅を放棄するというリスクのない完全に確実な地代支払いが保証できるものであり、その収益は、税収よりはるかに高い地代を納めてくれるということで、国税庁は相続税延納の担保に押さえたのである。

郊外の土地の利点、優位性を発揮させて、どのような時代になっても、人々が喜んで快適に暮らせる住宅地にしなければならない。

住宅地経営と住宅地管理

一〇〇年の定期借地権で土地を賃貸に出した場合、その土地利用を元に戻すことは、事実上不可能である。都市というものは、計画されたように建物が建てられて熟成するもので、本来の都市計画とは、都市的規模でいったん建てられた住宅が、都市の熟成にともない、そこでの生活利便性が高まって、資産価値の上昇を保障する制度である。そのため、欧米の都市計画では、住居地域の環境を壊すアパートやマンションが戸建住宅地に建設されたり、商業施設兼用住宅の混入は禁止されている。日本では、混合用途で地価負担力の弱い戸建住宅地に、マンションやアパートの混入を放任してきたため、良好な邸宅地がことごとくマンションやアパートに蝕まれてきた。

ロッキー住宅は、武笠ガーデンの建設にあたり、住宅地としての環境デザインとして、一〇〇年経っても人々が住みたいと憧れる設計とマスタープランおよびアーキテクチュラルガイドラインを設定した。その基本はストリートスケープで、建築物のセットバック、建築物の様式、材料、前庭および歩道について定められている。

当初は無電柱化を計画したが、費用が高くなり過ぎるため、敷地のバックヤードの端に電柱を立て、前面の景観に影響しないように配慮した。前庭および後庭には高木を植栽、または既存の樹木を残すことで、大きな樹木に囲われた住宅地として計画されている。

一〇〇年経っても魅力のあるデザインと建材を検討した結果、経年するにつれて風合いが生まれ、樹木の緑と調和し、かつ耐久性、耐火性、断熱性、構造耐力性、防露性、遮音性に優れ、メンテナンスフリーのオールマイティの建材と、構造工法として、オーストラリアのスライスブリックをガルバニウム鋼板で支持し、モルタルで固定する技術が採用された。この工法は、欧米で盛んに使われているレンガ化粧積み（ブリックベニア）より構造性能において優れており、地震国日本に求められている耐震補強をさらに高めるものになっている。

各住宅にはガレージ（車庫）を設けているが、ガレージは倉庫、作業場等の機能も兼ねるもので、欧米の住宅でも美しい町並みの実現と、各住宅の倉庫として一般的に利用されている。

住宅地の環境形成として最も重要なことは、その住宅地を居住者が誇りに思えるようなデザインとして設計することである。ロッキー住宅は、武笠ガーデンの開発にあたり、英国のハムステッドガーデンサバーブやレッチワースガーデンシティ、ポートサンライトなど一〇〇年以上の長い歴史を経て、現在さらに人気が高まって資産価値を高めている住宅地を見学し、リースホールドの経営研修に参加して勉強した。

その中から、レンガによるシンプルで調和のとれた住宅と緑樹とが、一〇〇年の歳月を経て、さらに人々の憧れの住宅地となっていることの主因であると理解した。一〇〇年以上経過した町並みを前に、英国人が「ここから見ている景色は一〇〇年前と同じです。樹木の手入れをしていますが、入居当時より樹木が成熟したぶんだけ遠くの景色は見えにくくなっています。でも、私の家の中をご覧になったとおり、住宅の中は現代の生活に合うよう全面的にリモデリングして、どこの新設住宅にも負けない現代生活に応えるようになっています」と語った話をここで実践している。

住宅の外壁によって、町のデザインがつくられていて、これは一〇〇年間変更させない。しかし、住宅の内部はサスティナブルハウスの原則に沿って、居住者のライフスタイルに合わせてフレキシブルに使うことができるように計画されている。私的空間と社会的空間とを階によって分離することで、住戸内の間仕切りを最小限にして、住宅の大きさを実感できる屋内空間をつくりだしている。

住宅の中から窓越しに見える景観は、前面道路の幅員は四メートルであるが、歩道が一メートル、両側一・五メートルずつのセットバックで、住棟間八メートルの間隔があるため、広い眺望を楽しめる豊かな空間になっている。各住戸がリズミカルに建てられているため、窓から見ても、道路に立っても、町全体が一つのまとまった景観をつくっていることで、「わが町」を強く意識でき、それでいて、個々の住宅ごとにディテールに違いを設けることで、「わが家」を感じることができるデザインとなっている。

住宅地内の道路は、緩やかに曲がっていて、道路の突き当たりにはレンガの住宅が視線をおさえているため、住宅地全体のエネルギー密度の高い町をつくっている。

ロッキー住宅は、この住宅地の開発および建設と同時に、地主の委任により、住宅地のアフターケアとメンテナンス、居住者の要求に応えたリモデリングをすることになっている。現在建設した住宅地の環境を、住民が自分の町のルールとして守ることができるよう、次のような内容を決定した。

①建物の外壁は、本物のレンガを使用する。
②屋根付きの駐車場は造ってはならない。
③建築物の階数を増してはならない。
④建築物のセットバックを一・五メートルとする。
⑤敷地の周囲の生垣は、高さ一・二メートルとする。
⑥樹木からの落葉の処分は、各自住宅で処理する。
⑦ペットの管理については適正に行う。
⑧ゴミ置場の管理は、住民相互で行う。

このルールは、すでに入居が進んだ段階で検討し始めたものであるため、これから試行錯誤を繰り返しながら改良されていくものである。現在は入居からあまり年月が経っていないが、ルールに従わない者に、どのように守らせていくかについて、さらに検討する必要があるだろう。

3 ― 英国のリースホールド

リースホールドとは何か

日本で定期借地方式による住宅地開発が取り組まれて十二年目になる。多くの人々は、この定借事業を英国のリースホールドによる事業と同じものと考えている。借地借家法で定めた定期借地権の期間を五〇年以上と定めたことに対して長すぎるという議論も、日本人が聞いた場合には、「地主に返すための暫定利用期間としての五〇年は長すぎる」と反応し、英国人が聞いた場合には、「五〇年で借地人が建設した住宅を地主が取り上げてしまうのは短すぎる」という反応になる。

リースホールドの前提に、土地の暫定利用なのか、それとも恒久利用なのかの相違がある。

英国におけるリースホールドの歴史は、農業的土地利用から始まった。地主がその所有する荒蕪地を良質な農地に改良する方法として、封建領主は領域の独占支配を利用して、小作人に荒蕪地の小作使用を許し、二〇年の耕作期間で良好な土地への改良を賃貸料収入をあげながら実施し、二〇年後には肥沃になった土地を無償で引き上げることで富を築いてきた。この農業的土地利用の方法を、産業革命以後の都市の土地所有者が、工場労働者向け賃貸住宅経営者に対する借地事業にそのまま適用されてきたのが、不動産に対するリースホールド事業のはじまりである。リースホールドの期間は二〇年から始まり、しばらくの間、都市的土地利用の場合にも、リースホールド期間は二〇年であった。

土地所有者は将来返還されたとき、資産価値として高い評価ができるものを造らせ、適正な維持管理をさせるため、制限約款証書を厳しく定めようとしたのに対し、借地人側は二〇年で地主に返却するときには、資産価値の低いものを返したいと考えた。この土地所有者と借地人の利害の対立を調和させ、妥協させることになったのが、リースホールドの期間の延長であった。一六六六年のロンドン大火災が、都市的土地利用の借地期間に大きな変化をもたらす契機となった。その期間は、三〇年、四〇年、五〇年、六〇年、七〇年、八〇年と延長され、ついに十九世紀末には九九年のリースホールドが確立されることになった。

土地所有者は、土地を所有することで土地から手に入れることのできるものは、土地の賃貸料だけである。土地所有者がその保有する土地の上で、農業をしたり、アパート経営をしたり、工場経営をしたりして、さらなる利益をあげることができるかもしれない。その場合の利益は、土地所有者としての利益ではなく、農業経営者、アパート経営者、工場経営者としての利益である。それらの土地所有者としての利益以外の利益は、必ずしも自らの土地でなければあげられない利益ではないし、土地所有者であるからという資格によってあげられる利益でもない。つまり、土地所有者以外の条件によって得られる利益は、それぞれの分野の専門的経営能力によって得られる利益であって、土地所有者であるから必ず得られるという利益ではない。

地主が不動産経営者としての専門的な知識や経験がなくても、住宅地が一定のルールの下で建設されることによって、予定調和的に健全な熟成をさせる方策が、英国における二〇〇年余のリースホールドの歴史によってつくられてきた。それは都市、または住宅地の開発規模により、開発事業者、地方公共団体、土地所有者の関与のしかたに様々な対応が生まれているが、土地所有者は、単純に土地を所有するだけで、リースホールド事業の協力者を得て、十分大きな賃貸料収入を手に入れてきた。

この英国におけるリースホールドによる住宅地開発の経験が、結果的に現代英国の資産価値の高い住宅資産のストックをつくることに大きな成果をあげてきた。リースホールドは借地人に対して、その建設費のすべてを建築物に投入させることが可能になって、それが豊かな町並みの形成になったことも重要な視点である。土地所有者は、借地人に土地購入費分まで建築物に投資させることで、そのすべてが将来の土地所有者の資産形成になり、都市空間の熟成により高く寄与することになる。

日本の高度経済成長下においては、都市集中を前提にした地価神話を背景に、土地信用膨張による土地担保金融が、不動産建設投資を誘発促進した。確かに高地価で融資額自体は膨張したが、それによって額面どおりの優れた都市空間ができたかといえば、むしろ否定的である。高地価が顕在化したぶんだけ、融資額は地価に食われてしまって、建築物への実質投資は縮小することになり、額面どおりの都市空間をつくることはできず、逆に、高い開発単価は、採算性の悪い不動産を造ってしまった。

地価を潜在化させたままの、リースホールドによる都市開発が取り組まれたら、地価を顕在化させないぶんだけ、少ない負担で優れた環境形成が実現できたはずである。

リースホールドを支持する経済環境

日本全体としても、すべての都市においても、宅地は供給過剰状態にあるだけではなく、今後、自由貿易の推進により、農地の大量遊休地化、工場跡地の増大が不可避的に拡大する。その結果、地価は長期的に下落せざるを得ない環境にありながら、財政が固定資産税、都市計画税および相続税に大きく依存しているため、政策的に地価は高止まりさせられている。その結果、高地価の土地保有を余儀なくされている土地所有者は、高い税負担によって、地価が高いほど大きな税負担という損失を負わされることになる。

土地は、それを賃貸することで賃貸料収入という利益を生みだすが、単に保有しているだけならば、損失を生む負の資産でしかない。土地を所有している者に対し、借金してアパート経営をすれば、ローン債務の減税で資産形成できることが土地の資産活用といわれているが、その本質は、資産活用を誘う住宅業者の住宅販売が目的であって、土地所有者の資産形成本位ではない。土地所有者は住宅経営の専門業者ではないため、不動産業者としての経営を成功させることは一般に期待できない。アパート経営目的が、借金による減税の利益を受けるためであるならば、事業採算が成立することが前提であり、自らの保有地が最適経営地とは限らない。

地価が下落傾向にある社会では、後になって計画する事業ほど家賃は下がり、先に建設されたアパートの空家発生率は高まる。借家人は、住宅に縛られることはないため、買い手市場の住宅は、常に空家の恐怖に脅かされ続けることになる。そのため、長期的に見ると、アパートのスクラップアンドビルドが繰り返され、アパート経営で資産を失う危険性は増大する。

賃貸住宅経営をマクロ視点で見ると、借家人は、自らの住居費負担の中で、賃貸住宅経営者の経営費まで負担することになる。しかし、リースホールドによる持ち家取得の場合は、住宅所有者は住宅のみのローン負担と地代負担のみで、アパート経営者の経営費負担の必要はないため、同じ住宅に居住するならば、少ない住居費負担で居住できるはずである。

現在の定借事業のように、根拠のない定期借地権保証料を取らなければ、借地人は建設時点では建築工事費だけを負担すればよく、以降は地代と住宅ローン返済、保険料等の支出で足りることになる。

住宅取得者は、賃貸住宅居住者のように、何も失うものもなくて一方的に逃散することはできない。借地の上には自らの住宅があり、住宅地に縛られ、その資産を大切なものと考える環境におかれる。結果的に、居住者はその環境を健全管理し、資産価値を高めることになり、帰属意識も高まる。住宅取得する借地人は、土地を購入する必要がないぶんだけ、建物に多額の資金を投入できるため、住宅地全体としては、それだけ大きな住宅（建物）ができることになる。

英国が二〇〇年近い地主と借地人との闘争の結果、妥協の産物としてつくられた九九年リースホールドは、借地人にとっても、土地購入費用の不用なぶんだけ、豊かな住宅環境の実現に向けられ、地主にとっても、一〇〇年目以降の資産形成を濡れ手に粟できるという社会経済的合理性がある。この経験は、英国のサッチャー政権のニュータウン経営の中で、新しい転機を迎えた。

居住者の多様な生活要求にあった住宅地経営を費用対効果を最大にするという視点で考えた場合、ニュータウン経営者にとって効率のよい環境管理は、必ずしも各居住者の要求に応えることではなく、むしろ居住者の主体性の下で、その生活要求にあった都市経営を行う合理性にあることが評価されるようになった。住宅地は各地区単位で主体的な管理をする方式に移行するため、リースホールドの土地は、フリーホールドの土地に売却譲渡されることになった。英国におけるフリーホールドへの移行は、住宅は不動産であって、その環境は、地区としての環境管理ルールによって守られなければならないという長年の生活経験に支えられて、非常に円滑に移行している。

この英国の経験は、現代の日本にとって二つの意味で大きな示唆を与えている。一つは、日本の不動産に対して欠如している環境管理を、より徹底的に国民の生活ベースで実習訓練する場として、リースホールドは日本にとって格好の環境管理システムであるからである。

二つ目は、当面の経済的な時代負担がないため、より優れた住宅環境を取得できるだけではなく、住宅ローン負担が軽くなった時点で、土地の分譲を借地人が期待して、自主的に優れた環境管理能力が育った段階になれば、地主にとっても、居住者の多様な生活要求に対応する複雑な経費の掛かる管理から開放されて、土地を分譲することがよいという場面も十分考えられる。

3章　二段階分譲方式を活用した住宅地開発

1――地域振興の視点からの住宅地開発

昭和の町の実践

なぜか賑わっている。昔ながらの店構え。何やら懐かしい森川のアイスキャンディー。よく母がカラカラと煎ってくれた切り餅のあられ。よく兄弟喧嘩しながら食べたカレーライス。狭い路地を通り抜けると、少し広い商店街。昭和町の商店街。長い間、琥珀の中に閉じ込められていた昆虫達が新たな時代を創生している。ここは今、つとに有名になりつつある九州は大分県国東半島の付け根にある豊後高田市「昭和の町」である。

この町は、江戸の時代から商工業で栄えた町で、この地域で一番元気の良かった町でもあった。昭和三十年代をピークに、市の人口は、三万三〇〇〇人から一万八〇〇〇人まで減少している。何とも失礼な行政用語であるが、「過疎」の病に冒された町でもある。

「もはや戦後ではない」と経済白書に書かれたのが昭和三十一年で、まだ貧しくもあったが、元気の

赤レンガの建物、昭和の町の象徴

瓦屋根の呉服店（老舗の呉服屋）

いい時代でもあった。町には多くの商店街が並び、周辺から買い物に出てくる客で活気に満ちていた。この町は、何も手をこまねいていたわけではない。その時々に最善の努力はしたであろうが、経済変化、大型店の出店、顧客ニーズの変化、人口の減少、そし政争に明け暮れている四十年間に寂れていった。

町には日中人影はほとんどなくなり、町を活かす気力もなくなった。それでも町は昔の栄養で暮らしていた。商工業の盛んだった昔から、ここは近畿からの荷受け港として繁盛し、多くの富を築いてきた場所である。昭和の町の一つの舞台である「農業倉庫」は、大地主野村家の米蔵であった。早くから「市の活性化」は叫ばれていたが、三年位前、町のほぼ中心部にある役割を終えた農業倉庫を市が購入した。

商工会議所の金谷さんが、博多で昔懐かしい玩具、駄菓子を扱っていた小宮さんという人を発掘し、この人を館長にして玩具を展示したおもちゃ博物館「昭和ロマン蔵」をこの農業倉庫に誕生させた。小宮さんは、昭和のおもちゃを数万点所蔵する「おもちゃ博士」でもある。たった一人と一人の結び付きから、昭和の町はふたたび香り始めた。

商店主の多くの賛同を得ながら、商工会議所を中心に、会議所青年部などが積極的に町づくりに参加し始めた。商店街のパラペットカンバン（商業看板）を取ると、中から昭和の時代の意外と驚くほどしっかりとした家の姿が出てきた。この「家並みは財産」であると、そう考え出した。長い夢から目を覚まさせられた一号、二号館と、順次傷んだ部分を補修し直し、「昭和の町」の家並みが再現した。

現在は二〇号館位がその姿を整え、本当の生きた町が当時の息吹きを取り戻しつつある。このようにして、長い間、凍結された氷が少しずつ溶け始めている。

「昭和の町」振興策

豊後高田市も市をあげて取り組んでいる。昭和の町の市長で全国的にも有名になっている永松博文市長は、自ら先頭に立ち、連日市内の商店街を回り、「昭和の町」の復活に向けて、市、県の振興策の説明をしている。「昭和の町」振興策は、当市の交流人口の増加に大いに貢献しているだけでなく、将来の定住化構想として、定期借地権を活用した住宅地開発を位置付けている。振興策の本質は、ここに仕事の場が生まれ、暮らす一人一人がこの町を愛し、楽しく暮らせることである。若い人たちが少しずつ増えているし、老若男女が暮らし、文化を伝承する地域に変化しつつある。

昭和の町には、同時代の同じ造りの家々が建ち並び、連続した特徴あるフォルムが町のデザインを造っている。しっかりした大黒柱、大きな梁、漆喰壁などがその存在感を示している。同じ築後六〇年以上の軸組工法なので、荷重外力を地盤に伝えるための形式も同じである。「同じ構造工法」の家並みが、町並みの個性的な造形美のリズムを作っている。

地方振興と地方財政から見た都市経営

日本の政治は、国民の指導力を探ろうとしないため、政治不在で、行政がその組織の自己増殖を図る官僚縦割行政が行われてきた。その結果、地方振興は補助金漬け、財政的にも厳しい自治体の多くは、借金経営の安全性が問われている。箱ものづくりだけが行政ではない。「福祉」と言えば耳障りがよく、老人介護が重要視されているが、子供のことも同様に大切である。すべての家族が安心して、ゆとりをもって、生活できる町が必要である。そこで、自治体が所有する郊外の土地を、地方財政から見たサスティナブルハウスによる住宅地（一般的な定期借地権分譲住宅）として開発、分譲したらどうだろうか。

高い地価に建つ住宅を市民は買えないから、住宅は建たない。土地を分譲して購入者の勝手な住宅を建てさせるため、様々なデザインの住宅が建て詰まり、住宅地は衰退し、国民は資産を失ってきた。「昭和の町」経験に学び、自治体が町全体の住宅地デザインを決め、そのルールに従って自由に建築をするようにすれば、美しい町並みができ、住宅地は熟成し、その中の住宅の資産価値は上昇する。そのためには、自治体が土地所有者として、町並みルールを借地条件として定め、分譲住宅、またはルールに従った注文住宅として建てる必要がある。資産形成住宅を欲しがっている人は、土地は自治体と定期借地権契約を結び、その上に定められた建築ルールに従って持ち家を建てる。建て主にとっては、銀行ローンは住宅建設費だけで安くて済み、銀行返済も大幅に軽減される。今後、給料は増えないといわれる状況の中で、通常の家計支出の範囲で安心して家が建てられる。自治体は、定住化を第一に考え、まず住んでもらうことに主眼をおき、建て主に資金的余裕ができ、持地の希望があれば、そのときに土地を払い下げればいい。自治体は箱ものに投資する必要はないし、その間、土地賃料が入る。将来、自治体が企業財務会計に変わっても、これなら対応できる。

定期借地による住宅地開発のメリットは、家並みづくり、町並みづくりを容易に進められることである。所有権分譲（フリーホールド）では土地、建物がすべて個人所有になるから、あまり他人が住宅のデザイン、性能にとやかく言えない。町全体の環境デザインを作り、守るため、欧米では所有権分譲の住宅地に対して、建築デザインルールを指定して、それを守って自由な建築が行われてきたが、日本では、個人の土地の勝手気ままな利用を自由と勘違いし、建築デザインルールを持ち込むことに反発されてきた。それが日本の貧しい住宅地を造ってきたという反省となって、やっと社会的に認識されるようになってきた。しかし、借地として、地主が一元的に環境形成管理をすれば、借地人は地主のルールに従うということで、それだけ受け容れやすい。英国の都市・住宅づくりの経験は、まさに定期借地権事業の好事例なのである。

2──二段階分譲方式

資産形成を実現する定期借地権事業

地主は、土地所有をしていても、借り手がなければ、土地からの収益は期待できず、税を含む土地管理費負担が大きい。そのため、土地は地主によって負の資産になっている。土地を所有していて、それを負の資産から正の資産に転換するためには、土地が生み出す賃貸料を管理料以上にすることである。地主が現在期待できる土地利用の最大の潜在需要は住居であり、かつ住居利用は、租税減免（固定資産税六分の一、都市計画税三分の一）により、土地管理料が圧縮される。

住宅購入希望者は、自由貿易圏拡大という今後の経済環境下で、所得の上昇は見込めず、逆に税や年金等の負担は拡大する。そのため、住宅は年収の三倍以下の価格で購入できて、かつ住宅を持つことにより、欧米同様、個人資産形成ができるように、住宅が個人資産形成増殖の手段となることが求められている。このような住宅が供給されて、潜在需要が顕在化することができる。

不動産業界全体にとっても、住宅金融業界、地方公共団体にとっても、住宅建設需要が顕在化することにより、取引きが増えなくては、利益は上がらず、税収は増えない。

英国が優れた都市づくりを実現した経済的背景は、リースホールド（定期借地権）により都市開発を行い、日本のような土地取得費のために費消されていた財貨を、建築物の建設費に投入できたためである。定期借地権事業は、土地取得費なしで住宅が取得できることで、潜在需要を顕在化する鍵を握っている。

次にリースホールドによる住宅地開発は、地主にとって最終的（定期借地権満了時）に資産価値を最大にする計画に向けて建設を進める方策であるので、早く建設された住宅は、住宅地の熟成が進むにつれ、生活環境が良くなり、その不動産価値は周辺の建設が進むにつれ自動的に増大する。

現行の日本の定期借地権事業は、五〇年後に住宅を取り壊して更地にする仮設暫定住宅事業で、都市の熟成利益を破壊する事業として行われてきた。また、地主に目先の現金を保証金の名で握らせ、五〇年後にはそのまま返済させるものであるため、五〇年間四パーセント利回りで運用できると国税庁はみなし、残額は地主の所得として課税するというもので、地主にとって保証金は四パーセントで目減りするものである。

ここで提案するリースホールドは、英国に倣い九九年定期借地権とし、一〇〇年目からは、その住宅もまた地主に帰属する。つまり、住宅は、建設時点から年一パーセントずつ地主の所有に移行し、一〇〇年目には住宅全体が地主のものになる。

二段階分譲（リースホールドからフリーホールドへ）

住宅購入者は当面、住宅建築工事費を負担するだけで住宅を取得でき、住宅ローン返済額と借地料とを負担する。その負担が所得の二五パーセント程度以下であれば、家計支出の範囲で適正な負担である。仮に、住宅取得後二〇年経過して、住宅地が熟成してくると、当然不動産価値も上昇する。また、住宅購入者もその間所得が上昇し、住居費支払い能力が高まると、将来の資産として、土地建物一体で所有したいと望むようになる。この提案は、英国のガーデンシティにおけるリースホールドからフリーホールドへの移行を成功裡に実施した経験に倣い、二〇年後に住宅購入者は、地主に移行した二〇パーセント分の建物資産の買い戻しと、土地の譲渡のための費用を支払って、その所有するための資金は、新しく住宅ローンとして組むことになる。

住宅地には、将来のリースホールドのままの住宅とフリーホールドに移行した住宅とが並存するが、その住宅地は、そこに不動産の権利を保有する者全員が強制加入する環境管理法人が設立され、その下に全体の環境は一元的に管理されるため、フリーホールドが並存しても、従来の自治会より一歩進んだ環境管理法人のもとで、基本的な住宅地経営は確保されている。

定期借地権事業で、これまで宅地開発事業費の原資を金融機関が融資してこれなかったため、それを保証金の名目で地主が集め、開発事業者に融資してきた。このようにして、地主は造成地地代を得てきた。その性格は、住宅購入者からの借入金である。地主が素地の地代とするか、造成地地代とするかで、造成地地代としたくても資金がない場合、金融機関から借り受けるか、借地人から借り受けるかは、個別条件ごとに検討すればよい。宅地造成の資金でもないのに、保証金の名目で住宅購入者から金員を受領することは、それだけ住宅建設費を圧縮させ、貧しい住宅づくりにしかならない。

資産価値形成ができる理由

住宅地全体が一人の地主の場合、土地利潤は、一元的に地主が規則約款に従うことで管理できる。しかし、そこで持ち家の購入者に自らの資金管理に責任をもたせるため、住宅地全体の不動産の環境を一元的に管理する法人を設立し、地区内の不動産所有者は、その管理法人に強制加入することにし、財産の大きさに見合った投票権を与えられる。管理法人は住宅地開発業者が定め、その後、住民が自治管理する規則と基準に基づき、住民の資産価値を高めるという共通の要求に応えて住宅地を管理する。そのため、住宅地のルールに従わない者は、住宅の明け渡しを最大の担保とするルール遵守の義務を負うことになる。このように、環境管理法人によって一元的に行われることにより、住宅資産価値は、リースホールドからフリーホールドに移行しても、当初の計画どおりに守られることになる。優れた環境が恒久的に持続できるシステムによって、そこに建てられた住宅の資産価値は上昇し続けることになる。

4章　住宅地開発のやり方で可能な資産形成

1――分譲地を甦らせた住宅地開発事業

サスティナブルハウスによる合理化の追求

　宮崎市東宮花の森、総区画数七五〇区画は、宮崎市東宮土地区画整理組合が主体となり、株式会社ＮＩＰＰＯコーポレーション（以下「ＮＩＰＰＯ」）がデベロッパーとして開発したものである。ＮＩＰＰＯは当初、住宅メーカー数社を選考し、これらの住宅メーカーの住宅建築条件付き宅地を販売した。バブル経済崩壊後の住宅不況の影響もあり、住宅メーカー自体に期待した住宅販売はほとんど機能せず、販売促進は不調に終った。

　二〇〇一年に、ＮＰＯ法人住宅生産性研究会が推進してきたサスティナブルハウスが、米国の合理的な住宅建設業経営管理（ＣＭ）技術の実践であると知り、試験的な建設に取り掛かった。米国の合理的な住宅建設手法に、できるだけ忠実に取り組むことで、住宅建設業経営による利潤の拡大の取組みの展望が感じられた。アービスホームの積極的な事業の取組みをＮＩＰＰＯは評価して、二〇〇二年十一月、アービスホームに対して、一ブロック一六区画を限定して建売住宅を造り、販売促進を図る建設・企画の依頼をした。経済環境は悪く、消費者の低迷する購買力に対して、販売を容易にするためには、戦略として価格の低減を覚悟しなければならなかった。NIPPOおよびアービスホームは、取りあえず試験的に、三棟を建設することにした。

アービスホームが検討してきたサスティナブルハウスについて、従来どおりに積算すると、とても採算に合う数字は出なかった。社内外の担当者と建設コストをめぐって激しい議論の末、机上の論争では事態は打開できない、走りながら考えようと、とにかく出発した。

サスティナブルハウスは、シンプルで、米国でもよく見られる住宅であるため、顧客の反応もよく、心配した販売についても、完成後三カ月以内に完売できた。また、工事もほぼ計画どおりに進み、工事収支についても、現場管理（CM）と建材の発注努力により、まずまずの利潤をあげることができた。この事業はNIPPOとの共同事業ではあるが、事業としては、NIPPOがアービスホームに対して発注する形態をとり、アービスホームが責任をもって住宅を販売して、その売却益からNIPPOが発注者として支出した工事代金を返済するものである。

アーキテクチュラルガイドラインによる住宅地開発

一口に街並みの形成といっても、同じゾーンに、規制のないまま、考え方の異なるビルダーがそれぞれ建設を始めると、無秩序に住宅が建て詰まり、団地が成熟するどころか景観が悪くなる。これまでの分譲宅地は建築が進むほど、住民自身が無秩序な街並みは当然と諦め、一層自分の住宅だが目立つように造るため、若い人たちが住みたい住環境ではなくなってしまう。

街並みの形成は、分譲地に住宅を建て並べるということではない。住む人に「わが町」と帰属意識を抱いてもらえる街並みを造るためには、街並みを構成する各住宅が、全体の街並みとしてのデザインの優れた担い手にならなければならない。モザイク画のように、全体の画のデザインが先にあって、その構成要素として各宅地の住宅のデザインが決められることが必要になる。

今回の取組みについては、連坦する一六区画全体の基本デザイン、カラーの配色など一定のガイドラインを設けて提案した。この提案は住宅生産性研究会を通じて、アメリカで資産価値が維持され住宅地としての優れた評価が確立するマスタープランとアーキテクチュラルガイドラインとを、カナダの建築家に依頼した。

住宅の壁面位置のセットバック、ファサードのデザインとしてリビングポーチのデザイン、前庭の歩道や植栽などによって造られた個性的ストリートスケープの美しさによるランドスケーピングが、これまで宮崎市で見ることのない米国のような美しい街並みを創り出した。

日本中の大多数の分譲地は、売ることに専念し、住環境に対する配慮が低い。住宅は北側に、トイレ・洗面所・風呂場が設置され、さらに入居後、無造作にエアコンの室外機が設置されたりしている。

今回のプロジェクトは、道路からの建物の後退距離を遵守し、そのスペースにはカーポートおよび倉庫など構築物を造らないこと。サービスバルコニーは家の寿命を短くし、見苦しい洗濯干し場とな

アーキテクチュラルガイドラインの下に造られた街並み

るので設置しない。代わりに、道路に面してリビングポーチを造ったり、道路から見えにくいスペースにウッドデッキを設けて活用するようにしている。

住宅の顔は、建物の前面（ファサード）に限られているという考え方は、洋風住宅で共通した考えである。ファサードは道路に面した顔で、そのファサードが連続して造られ、その景観をストリートスケープと呼んでいる。「わが街」の性格をつくるデザインと言われている。建物の外観は一戸一戸微妙に異なるが、玄関は道路向きに設け、皆で一つのストリートスケープを造っているという連帯感により、街並みの景観の担い手である自覚と愛着が育まれていく。

リビングルームは、表通りの景色が眺められるよう方位に関係なく道路側に配置する。向き合った家をお互いに眺めることにより景観を楽しめるようにした。お互いが、自分の前庭のお向かいの玄関先に植えてある、四季折々の草花を眺めて、褒めあい競い合う。このゾーンに住んでいる人々が、草花という共通の話題でコミュニケーションが図られ、昔からこの地域に住み続けているかのような住民環境が築かれている。夏にはこのゾーンに住む家族が集まり、バーベキューパーティが開催される。

デベロッパーとビルダーの共同作業

当初、今回の計画地では、デベロッパーNIPPOは、特定の住宅メーカー（先発A群）と販売提携を結び、建築条件付きでスタートした。バブル時代まで、売り手市場では販売起動力のあるハウスメーカーが高い販売実績を示したため、このような営業が行われたのである。宅地開発のみに専念してきたデベロッパーは、建築には関知していなかったので、販売に関してすべてではないが、主導権は、共同で建築した住宅メーカーに依存することになった。

不況の影響で買い手市場となり、消費者が住宅を慎重に選択するようになると、手離れの良さを自慢した無責任な販売は不振となり、参加した住宅会社数社の倒産が相ついで、計画どおり販売ができなかった。この悪循環により、団地は顧客から敬遠され、ビルダーも腰が引けて住宅は建ち進まず、NIPPOの宅地販売は、ますます窮地に追い込まれて、宅地販売戦略の変更を余儀なくされた。

NIPPOは、住宅建設業者数社に対して提案競技（コンペ）を行った。コンペの結果、一六区画全部を提案したアービスホームに発注することが決定した。アービスホームは、一六区画全体を一体とした有機的な繋がりのあるコミュニティとなるよう「郷愁を感じさせる街並み」をテーマに、建売

クルドサックを囲む６棟のレンガ住宅群コミュニティ

住宅を建築し、順調に計画どおり販売することができた。この実績をＮＩＰＰＯは評価して、アービスホームに対して建設区画が増やされ、このゾーンだけで四一区画が任されることになった。

この結果、先発住宅メーカー（Ａ群）のほとんどは撤退し、代わって、アービスホームの事業の結果、この開発地のイメージが質的に改良したことを見て、住宅メーカー後発（Ｂ群）が積極的に住宅を建設するようになってきた。

かつては、花の森団地は売れない住宅の代名詞のように思われていた。現在はその時代の二〇倍の販売速度を誇る売り手市場の団地といわれ、入居階層も中高所得者を対象とする住宅地となり、高額物件も販売されるようになった。それでも、団地内では、アービスホームが大手ハウスメーカーの販売戸数を大幅に上回っている。アービスホームの実績が評価され、ＮＩＰＰＯとの間で、より高い所得層を対象とする六戸で一街区にまとまったレンガ住宅ゾーンが開発され、順調に販売されている。その他インナーガレージのある住宅ゾーン、地下室のある住宅ゾーンを、ビクトリアン・スティック様式の街区として開発し、より多様な需要者のニーズに応えるような事業を展開中である。

当地は、七五〇区画という巨大な住宅地である。NIPPOにとって、この宅地分譲地がサスティナブルコミュニティとして、将来、資産価値が上がり続ける開発にするためには、多様な階層が居住し、活発に住み替えや世代交替が行われるような住宅が建設され、豊かなヒューマンネットワークが育まれていくことが望まれている。そのために、デベロッパーであるNIPPOとアービスホームのような住宅建設業者との共同作業は、きわめて双方に利益のある結果をもたらすことになった。

地場の住宅産業および関連産業への拡大

アービスホームの事業は、一口に言えば、輸入住宅産業である。そこでは、基本的に構造材は輸入材を使用しているが、現在使用している材料と同一以上の品質のものが、現在の購入価格以下であれば、いつでも地場の国産材に転換できる状態にある。アービスホームでは、米国2×4工法と、CM（コンストラクションマネジメント）を積極的に採り入れることにより、住宅価格の低廉化と効率化による建築施工従事者の待遇改善などが図れるようになった。これは、宮崎の消費者の住宅購買力の範囲で、最良の品質の住宅を供給するために選択したものである。同様の趣旨で、日本の住宅で放置されていた貧しい外構工事を豊かなランドスケープに変えるために、オーストラリア製のカラーコンクリートを一体化して施工することにより、綺麗な街並みを形成している。

このようにアービスホームの住宅事業が拡大するにつれ、地場の建設業者、建材業者への発注量は着実に拡大しており、雇用の拡大や景気へもささやかながら貢献の程度を拡大している。

2 — 小さな実践と大きな事業

ランドスケーピング造りから見た住宅地形成

住宅を購入するときの最も重要な要件は、ロケーション（立地条件）であるといわれている。ロケーション（立地条件）の内容として、立地の利便性や安全性と並んで、立地の環境・風格というデザインの三要素がある。この中で住宅の資産として重要とされることは、住宅地の環境・風格である。住宅地の環境や風格は、一戸の住宅ではつくることができない。町として、街並みとして、美しいデザインであるためには、ストリートスケープが重要であるとする考え方は、十八世紀の欧米の住宅地開発では開発基準として一般化している。

日本ではバブル時代以降、町並み／街並み計画がいわれ、建築物に対するデザインと並んで、前庭のガーデニングに、人々は高い関心をよせるようになっている。外構工事は近年のガーデニングブー

ストリートスケープを重視してつくられた街並み

ムの中で注目されるようになり、その重要性が再認識されるようになってきた。

住宅地のデザインの中心となるストリートスケープは、道路と各住宅地の前庭とを十分に活用し、住宅デザインに合ったものとして造る必要がある。日本では、街並み計画を重要とする考え方は育っておらず、その大半は、住宅の外観、街並みを無視したようなデザインで、環境の担い手であることを十分考慮したとは思えないデザインが多く見受けられる。外構工事も個性化、オリジナルデザインという名の下に、各住宅の主張の強い自己中心的で近隣との調和を考えないデザイン、施工が行われてきた。

住宅全体から見れば、外構計画は二次的に考えられ、予算が一番削られる部分になっている。住宅の間取り、デザインが先で、外構工事はその残りのスペースを埋める工事といった立場である。住宅計画を街並み計画と一緒に行い、外構を含んだ住宅の外観を街並みと一体感をもって設計すれば、少ない予算でももっと良い住宅ができる。

神戸ガーデンハウスは、ツーバイフォー住宅の工務店である。しかし、七年前から始めた外構資材の輸入販売が忙しく、住宅建設を休止し、外構資材の販売や工事に専念し、そこから住宅を観察していた。そして、外構工事から住宅地をいかに豊かにするかを考え続けてきた。

外構は「ランドスケーピング」といって、住宅の外観も取り込んだ概念でデザインし、道路や樹木、植栽を含む広範な専門知識を必要とする。それは環境のデザインで、住宅とは切っても切れない関係である。神戸ガーデンハウスは、主として住宅地の環境デザインという視点で外構工事に取り組み、住宅との関係において、外構工事はきわめて重要であることを、経験的にも再三確かめることができた。

住宅を道路側から見た場合、外構工事が手前にあり、建物は必ず外構工事の後ろに位置することになる。住宅の評価をするとき、道路から見える建物と外構が、一緒にどのように見えるかが重要になる。このとき、大きな役割を果たすのが高木である。高木により建物のデザインが一部隠れることによって、木の葉の緑と重なって見える住宅は、逆に一層、品があり、豊かな印象を与える。

美しいストリートスケープの鍵は、建物の道路からのセットバック（後退）である。その部分に歩道を造ることができると、街並みの連繋が歩道でつくられる。歩道や敷地内の住宅へのアプローチは、最低幅六〇センチ必要である。両手に荷物を持って歩けば、幅一・二メートルが必要となるが、幅六〇センチでも両サイドの植栽が草花や低木であれば十分である。アプローチの両サイドに綺麗な草花が咲き、生き生きとした緑の葉の向こうに玄関ドアがあれば、よりすてきな玄関に見える。

「緑は万難を隠す」とも「貧しいデザインの建築には蔦をはわせろ」とも言われているように、重要なのは植物の緑である。植物はどんな建物にも調和し建物を引き立ててくれる。門や塀などの工作物を外構の中心に考えることもあるが、植物は外構工事から切り離すことはできない。

外構事業から住宅建設事業へ

神戸ガーデンハウスは、米国では零細な住宅建設業者でも、合理的に利益追求を可能にしているシステムを、日本でも実践できるようにしたサスティナブルハウスの取組みを基に、根本から考え直すことにした。しかし、サスティナブルハウスは工務店自体に努力、体力増強を要求するもので、図面を使えばできるといった容易なことではなかった。このシステムにより利益をあげるという理想と現実に挟まれながら、未だに試行錯誤の連続である。

神戸ガーデンハウスが経験した、三棟連続のサスティナブルハウスの体験談を紹介する。

一棟目は、当社専務である岩本の自宅で実践することにした。今後の工務店としての事業展開を考えると、実験住宅的な意味合いと、完成後はモデルハウスとしての活用を考え、計画を進めることになった。この事業の中で、神戸ガーデンハウスが取り組んできた、外構を一体とした街並みにつながるランドスケーピングも、計画の中に盛り込まれた。

この住宅は、郊外に建設中の分譲住宅地の、空区画が並ぶ中の約四五坪の土地に、地下一階、地上二階、延べ床面積約五四坪のサスティナブルハウスでの計画であった。将来の床利用のために地下空間は未仕上げで、一階は接客と団らんの社会的空間に、二階は寝室と浴室という私的空間に、また一階にはアウトドアーリビングのためのウッドデッキも計画された。住宅の外観、間取り、内装ともにシンプルに、アメリカの住宅の雰囲気をなるべく感じられるように配慮した。

設計、施工と進める間に、サスティナブルハウスの意味は、投入した費用と効果を、いかにして最良にするかという方策であることを理解し、難しさと同時に建築の奥深さを体験した。完成した建物は、施工技術、コストとまだまだ改良点も残っていたが、一定の成果と満足感の感じられる住宅ができた。外構工事については、狭い宅地の中にあった樹木を豊かな造園計画に取り込むことで、面白い提案ができた。

二棟目は、一棟目の建築を最初から注目して見ていた隣地の宅地所有者から声をかけられたことが、始まりである。まだ一棟目の建築中で、工務店として住宅の宣伝、営業をしていない段階だった。建築中の住宅に関心をもたれて、計画段階から、サスティナブルハウスのデザイン、内容については理解があった。何より一棟目の施工状況、仕上がりを確認してもらったことが契約へとつながった。

二棟目の計画も、ほぼ一棟目と同じで、約四五坪の土地に地下一階、地上二階、延べ床面積約五四坪のサスティナブルハウスを計画することになった。外観デザインは、クラフツマン様式としては一棟目と同じであるが、前面いっぱいにリビングポーチを設け、施主の希望するデザインとした。仕様については、一棟目と同様、サイディング、瓦を使い、フロントの出窓、ポーチデッキを設け、色を少し変える程度にした。住宅の空間構成の基本的考え方は同じであるが、間取りは施主のライフスタイルに合わせて変え、使用材料はほぼ同じ物を使った。

通常の注文建築では、「差別化」といった、一棟目と大きく変えることが、一般的な設計のしかたであるとされているが、この事業では、一棟目と共通できるところは、できるだけ同じ提案にした。施主が一棟目を気に入ったことが大きな要因である。住宅地の街並みとしてのデザインについて理解してもらえたためである。全体のデザイン、施工技術等は、顧客の満足のいくものができ、工務店として自信がもてるようになった。

三棟目は、二棟目の施主からの紹介である。ハウスメーカーによる建築条件付きの宅地であったため、宅地所有者はハウスメーカーによる住宅について検討していた。施主となる宅地所有者にとっては、サスティナブルハウスの内容と街並みは、ハウスメーカーの追求しているものとは基本的に違うため、理解してもらうのには少し時間を要した。ハウスメーカーの住宅など、目新しさや差別化の下で特異性を追求している住宅を検討してきた施主にすれば、恒久的な審美性としてのクラシックデザインや、ライフスタイルの変化を前提としたフレキシブルな空間やオープンプランニングといった内容の違いに戸惑いがあり、サスティナブルハウスの理解と検討に少し時間がかかったのは当然かもしれない。

施主は、二棟目の施主の家をよく訪問して、サスティナブルハウスとして実際にできあがった住宅の内容を見て確かめたことと、二棟目の施主の体験談や勧めがあったことが、事業を進めるうえで大きな要因になった。当然、施主がそれまで検討してきたハウスメーカーに比べて、住宅の品質、価格が優れていたことが、施主の最終的決断を促すことになったことは、言うまでもない。三棟目は第二棟の隣地で、この宅地でサスティナブルハウスが建設されると、三棟連続して五〇メートル近い街並みが調和してつくられることになった。

隣接住宅との対立で特色を出そうとする考えとはまったく逆の、隣接住宅と一緒になって街並みをつくることにより、「わが街」という自覚と主張がもてることで、一戸の住宅では実現し、主張することのできなかった街並みの存在感と街並みでつくられるデザインの意味について、施主の理解が急速に進んだようであった。

三棟目の計画も地下部分を除いて、仕様の内容はほぼ同じである。約五〇坪の土地に地上二階、延べ床面積約三八坪のサスティナブルハウスを計画した。外観デザインもクラフツマン様式とし、先の二棟と基本的な考えは同じで、同じ材料、デザインとし、色を少し変えたものにした。内部も施主のライフスタイルに合わせて、間取りこそ違うが、空間の構成はほとんど同じ材料とした。

これで三棟サスティナブルハウスを連続して建て、街並みの一部を造ることができた。それぞれの外観はクラフツマン様式という共通した様式でありながら、三棟はそれぞれデザイン、色が少しずつ違い個性を出しているが、三棟並んだ姿は、約五〇メートルの美しい街並みを形成している。

植栽と一体の外構工事は、さらにこの三棟の続きの二棟（外構工事のみ）とあわせて五棟分並びで施工したため、この住宅地の中で目を引き、今ではこの分譲地のメインストリートの様相を呈するといわれるようになっている。

街並み建設

白色に塗られた壁下見板とレンガ積みの腰壁、レンガパターンの舗装と植栽によって調和のとれた美しいファサードがつくられた

この街並みを、少しずつ隣戸へと拡大推進するうえで、外構計画、デザイン、使用材料についてルールを設定することにした。デザインは、道路に対してオープンにし、その境界には擁壁、ブロック等の構造物は造らないこと（傾斜地であった）、道路との高低差は約一メートルで、ガレージ、アプローチは、使い勝手を優先し、シンプルな配

置にすること。必ず各宅地には高木を配置し、その他植栽スペースを設けること。床面舗装の使用材料として、ガレージ、アプローチについては、コンクリート化粧材（神戸ガーデンハウス販売のグランドコンクリート）のレンガ柄とすること。フェンスは木製、木製サインポスト（神戸ガーデンハウスのオリジナルデザインとして製作）とすること。

外構デザインで重要なのが、高木、植物の配置、デザインである。植物がどの住宅のフロントにも配置されることで、樹木の種類や前庭のデザインが違っていても、つながって見える効果がある。計画的に外構工事をやった五棟の街並みと、道路を隔てた反対側の外構されていない街並みとでは、はっきりとした差が生まれている。

神戸ガーデンハウスで施工した五棟は、空間が広く感じられ、植物と色によって統一した景観の美しさがあるのに対し、道路をはさんで反対側は狭い印象を与え、使用材料や色もバラバラで統一感はまったく認められない。また、植物も少ないために、町並みをつなげることができていない。

この三棟のサスティナブルハウスと五棟の外構工事での体験は、当初まったく計画していたことではなく、試行錯誤の中から神戸ガーデンハウスの要望と、施主の理解でできた街並みである。できあがった街並みを見て、各宅地ではできないランドスケーピングの良さが、各住戸の資産にとっていかに重要かを理解することができた。

英国のチャールズ皇太子は、環境や歴史について卓越した見識の持ち主として知られ、現在、英国でのアーバンビレッジ運動の先頭に立って活動している。そのチャールズ皇太子が、共有庭を囲んで最低六戸程度でつくられる住環境は、周辺の環境から比較的影響されることなく、自らの環境を守ることができると語っている。日本でも昔から「向こう三軒両隣」を最小のコミュニティの単位とする考え方があり、それを空間的に見ると、道路を挟んで三戸ずつが対面する関係になる。つまり、総延長五〇メートルで形成される街並み空間として一体的にデザインされた空間は、各住宅敷地だけではつくれない環境をつくりだすことができる。一戸の住宅ではできない空間を、六戸の住宅が共通のルールを守ることによってつくられる空間は、六戸すべてのこだわりと自覚的取組み、そして相手に対する思いやりと責任をもたない限りつくれないし、維持することはできない。そのヒューマンネットワークが、街並みとコミュニティを育てるのである。

3 ── 住宅建設から住宅地開発へ

サスティナブルハウスの散在建設から集団建設へ

茨城県牛久市で住宅建設業者として一二年間、ツーバイフォー工法専門に取り組んできた。ウイングホームを設立する以前に、米国やカナダの住宅産業視察に出掛けることがきっかけとなり、その美しい街並みを構成する住宅デザインに惹かれ、自らツーバイフォー住宅で実現したいと考えていた。

外壁をレンガとしたサスティナブルハウス（牛久市）

バブル経済が破綻し、消費者の購買力が縮小し、建設工事を圧縮する必要に迫られたとき、米国やカナダでは、日本の半額で住宅建設ができていることから、輸入住宅により、その打開の途が拓けると考えた。零細工務店であるため、建材仕入れ力は十分ではなく、国内の輸入建材業者探しとその折衝に大きな労力を割かなければならなかった。建材価格自体の引き下げも重要であるが、労働力や管理費用が全体的にはもっと大きな問題を含んでいるように思われた。

一九九九年、NPO法人住宅生産性研究会が、住宅建設業経営管理システムの合理化を図る実践的プロジェクトとして、愛知県常滑市でサスティナブルハウスの実物建て方実験と技術セミナーを実施した。この時点では、サスティナブルハウスは事業化できるものにはなっていなかった。

ウイングホームは、サスティナブルハウスにこれまでのツーバイフォー住宅の経験を使えば、即座に実践できるものと判断し、住宅生産性研究会の支援を得て、商品化の第一号を生み出すことに成功した。延べ床面積三八坪、高気密高断熱、次世代省エネルギー基準を満たしたセントラルエアコン付き住宅を、一〇〇〇万円で建設した。この住宅は、日経アーキテクチャー誌の「読者が選んだ住宅二〇〇〇年」で第六位に選ばれた。その理由は、高品質の住宅が、消費者の家計支出の範囲で購入できる住宅ということであった。

この住宅では、米国の2×4工法の原点に立ち返って、日本では未だに技術的に確立できていないドライウォール工法を小規模な散在個別建設の現場に取り入れて、また、美しい内装下地工事を安い価格で実施した。

ウイングホームのサスティナブルハウスは、購入した消費者には好評で、新規顧客に対しても購入者から評判を聞いてもらうことで、成約にいたった例もある。しかし、購入者にあまり迷惑を掛けるわけにはいかず、広報域全域が対象となるメディアを利用した営業は、広い地域の散在需要に対応することになった。ただし、広域になると、営業販売効率だけでなく、工事施工の効率も悪くなって、せっかくサスティナブルハウスで改善された生産効率が帳消しになってしまった。

そこでウイングホームは、計画的な住宅地開発に取り組むべく、大土地所有者の資産形成としての定期借地権事業と共同する形で、住宅地計画を立て事業化に取り組んだが、定期借地事業について地主側からの理解を得ることができず、ついに事業化を断念することになった。

公団宅地開発での住宅開発

たまたま、都市基盤整備公団の開発地の熟成を促進するために、都市開発技術センター株式会社が、公団所有の土地に街づくりを進めるため、ウイングホームにも参加の勧奨があった。その住宅建設は、大きな公団開発地の中に散在する空地に、公団の宅地販売と民間建設会社が共同で住宅販売をしようというものであった。空地が連坦していないため、ウイングホームが希望しているようなストリートスケープの創造につながる住宅建設ではないが、非常に近い距離にある宅地において、連続的に住宅建設ができるものであった。それは施工上の生産性の改善が図られるだけではなく、その営業販売についても、相乗効果を発揮するものであった。その結果、これまで一年数カ月の間で、戸別散在の住宅建設でありながら、特設の販売努力をしなくても合計で六棟を成約することができた。

中小零細規模の住宅建設業者にとって、その信用力の小ささから、現在のような買い手市場にあっては、営業販売費用に多くの支出を割けないため、通常の市場での競争では、非常に不利な立場に立たされることになる。ウイングホームが、公団の宅地において、このような共同分譲方式の事業に参加することができた理由として、過去の実績について正当な評価がされたためであるが、未だ資金的に大きな余裕があるわけではない。

サスティナブルハウスの建設をとおして、高品質の住宅を合理的価格で供給してきた実績を、デベロッパーが評価し、デベロッパーとの共同事業（販売責任は建設業者が最終的に負う）、また発注者として、建設から販売までの一定期間工事費を負担してくれるならば、さらに多くの住宅を、高生産性の下で建設して、より大きな利潤をあげることが可能なはずである。欧米では、金融機関が建設工事段階の建設資金については、工事中の建築物を担保に、その先取特権の見返りとして融資を実施しているが、それは開発熟成をより円滑に実現させることになる。

公団との共同事業

都市基盤整備公団は、首都圏において多くの宅地開発事業を行ってきたが、そのうち、公団所有地においても、区画整理事業により地主に換地した土地においても、未だに住宅の建ち上げが進んでいない土地が多数ある。これらの土地に対して、地価の先行きの不安もあって、消費者側も購買に躊躇している一方、公団側では有利子資産であるため、その処分を急ぐことを希望し、また民間地主の場合は、その宅地保有税負担に悩まされている。このような土地の管理費負担を上回るような土地利用によって収益をあげるための方法としては、定期借地権による住宅地開発事業の実施をおいて他に適当なものはない。

住宅地として土地利用をすることにより、固定資産税および都市計画税は、それぞれ六分の一、三分の一に減免され、もし、その土地を路線化評価額の二パーセント程度で賃貸借できたならば、税支払い後の地主の収益は、一・七パーセントであり、日本国債の三倍の利回りの運用が可能になる。また、定期借地権事業として、一定の面積を一元的に計画して、宅地の地割りが決定されていても、セットバックや建物のデザインについて、住宅地全体を対象にしたアーキテクチュラルガイドラインに従って、三次元の空間計画を実現できれば、個々の宅地だけでは実現できないストリートスケープが可能になる。このように、優れた街並み計画によって、当然、需要は拡大し、住宅価格を上昇させることが可能になる。

特に、定期借地権事業については、英国と同様、九九年の借地期間とし、一〇〇年目からはその住宅が地主に帰属することにして、取り壊しや更地化の必要はないとし、定期借地権保証料は徴収しないものとする。

このようにすれば、消費者は当面、住宅建設工事費だけの負担で足りることになり、その家計支出においては、地代について二パーセントではなく、四パーセント程度までの負担をしても支障はなくなる。その結果、公団の土地は逆ザヤにしないで、定期借地として使うだけではなく、民間地主からの宅地利用の申し出も急増するようになる。

住宅建設業者の中には、資金の余裕がなくても、堅実に優れた住宅を供給できる業者はあり、それらの業者に、建設金融の途を拓くか、または、宅地管理会社が建設工事費を立て替える形で、実質的な建設金融を実施してくれるならば、多くの住宅建設業者は、従来よりも高い生産性によって安い価格でも高い利潤を上げることができ、住宅も高い品質のものを供給することが可能になる。ウイングホームの一二年の実績に基づく展望は、日本の中小零細な建設業者の共通の願いでもある。このことは、実は米国やカナダの住宅産業の、現在の環境でもあることを付言する必要がある。

シンプルでいて美しい洋風住宅の良さを生かした
サスティナブルハウス（ウイングホーム、竜ヶ崎）

日本の消費者も、米国やカナダの人々のように、自らが住宅を持つことで、その住宅の資産価値が上昇することを願っている。住宅の資産価値が上昇する条件は、その住宅が既存住宅市場において、常に売り手市場にあることである。住宅が造られ、都市が熟成していけば、そこでの生活の利便性や安全性は高くなり、住みやすくなるはずである。そうすれば、その町に住みたいと思う人々が集まり、需給関係を反映して住宅の資産価値は上昇する。しかし、日本では、住宅地の中で各住戸がそれぞれ勝手気ままに住宅を建て、無秩序な町をつくってしまうため、町は熟成せず、ゴミだめになっていく。定期借地により、環境を一元的に管理して、計画的に住宅を建設し、環境管理を実行していけば、資産価値のある住宅を育てることができる。

ウイングホームは、サスティナブルハウスによって、住宅建設の生産性を高めるとともに、集団としてつくられる住宅地環境の創造により、住宅購入者にとって資産価値の高まるものを供給することができるという確信のもとに、街並みづくりに取り組んでいる

5章　資産価値に依存した住宅地経営

1 ― 高級賃貸住宅経営

社会経済構造の変化に対応した住宅需要

東名ホームズコーポレーションは、かねてから名古屋に業務上長期に滞在する海外からの人々のための高級賃貸住宅の需要に応えて、本国の生活に遜色のない住空間を提供するべく、海外からの人々のライフスタイルを考えた住宅を供給してきた。この事業をとおして、近年の中部経済圏の発展に目を見張ってきた。中部経済圏は、一挙に国際的な広がりをもって拡大しようとしているのである。

名古屋は、東京と大阪の中間にあって、これまで経済的に存在感が希薄であった。しかし、二一世紀に入り、世界万国博覧会の開催や中部国際空港の建設が、中部経済圏の発達という潜在力を背景に実現することになり、航空荷物の輸送を中心に、国際社会への時間距離を一挙に短縮することになった。中部国際空港の開設で、名古屋は国際線、国内線が短時間にトランジットできる立地に改善されることで、海外との直接的な交流が急速に拡大することになる。

名古屋覚王山に建つ高級賃貸住宅（東名ホームズコーポレーション）

中部経済圏は、トヨタ自動車やその関連グループ、ボーイング社の生産技術提携相手としての三菱重工業、世界的な工作機械産業など、高い技術水準を維持した産業集積を背景に、海外との直接交流は今後急拡大することが予想され、すでにその萌芽が現れている。これは、経済の地球的広がりの中で、世界中から多数の人々が家族と一緒に中部圏にやって来て、優れた経済活動に携わるようになることでもある。

このような経済活動をより円滑に育てるためには、海外から短期、中期、長期に派遣されてくる駐在員が、安心して生活できる環境が整備されなければならない。滞在期間が長くなればなるほど、家族で駐在することが一般化することになり、子供の養育のための学校や、近隣住区としての生活環境が問題となる。

海外からの駐在員は、一般的に管理職や調査研究、経営や技術指導など専門性の高い高所得者が多く、企業にとっても責任ある立場に立つ場合が多い。これらの人々の生活安全性を保障するとともに、生活利便性を獲得するためには、単体としての住宅の品質以上に、住宅地の立地が重要な要素となる。海外から派遣される人々の多くは、自宅に人を招いてもてなすという生活習慣があり、日常的にも、住宅は家族の団らんや接客といった社会的な機能を担っており、そのようなライフスタイルの実現可能な住宅とする必要がある。

このような海外からの駐在員が期待するような住宅を享受したいという要求は、わが国の中にも、海外生活経験者を含めて増大する傾向にあるが、これまでのわが国では、地価問題により、それを実現できる経済的環境になかった。しかし、わが国の経済の発展や高い所得階層の出現や、海外での生活経験から、個人の生活を重視する需要が国内でも現れるようになりつつある。東名ホームズコーポレーションは、これらの需要に応えることのできる住宅ストックが絶対的に不足していることに着目し、これまでその需要を対象に事業を展開してきた。その中で、人々の意識の変化を次のように見てきた。

住宅をねぐらと考え、接客はホテル、レストランなど外部の施設を使い、もっぱら所得を高めることだけに生活の中心を置いてきた戦後の日本の住宅自体が、バブル経済崩壊後、大きく変化してきた。最大の変化は、家族の生活を大切にしようとする意識の変化と、費用を掛けないで豊かな生活を送ったり、人々をもてなす方法として、欧米では、一般的に自宅を利用することが、日本でもかつては一般的なやり方であったことに人々が気付き始めた。それは私的な性格のもてなしに対し、会社や公的な費用の支出ができなくなっていることもあるが、家庭でのもてなしには、費用では実現できないものがあることにも気付き、またより質の高い豊かさを実現できる経験をもつ人が増えたこともある。

賃貸住宅による豊かな住宅

わが国の高い労賃により、資本集約的な産業以外は、生産拠点を安い賃金の国に移動しているため、工場跡地は増加する傾向にある。一方、日本からの商品輸出は、海外の生産拠点から輸出国へ直接輸出されても、これらの国々の外貨獲得のため、日本は輸出国から食糧や原材料等を輸入することが必要になる。国際分業の結果、日本の農業は縮小せざるを得ない。さらに、平均利潤率の原理が国境を越えて働くことになるため、日本の労賃と発展途上国の労賃とが、非常に短期間に平準化する途をたどることになる。日本で見ると、日本の労賃は、長期的には停滞、または下降傾向をたどらざるを得ない環境にある。

この将来的な所得不安が結婚率の低下、結婚年齢の高齢化、出生率の低下の原因になっている。当然、住宅購買力の低下や、住宅需要量の減少をもたらすことになる。つまり、長期的に見れば、地価は下降しつづけ、住宅価格も低下することになるが、土地信用に依存して成長した日本経済は、産業、金融だけではなく、財政そのものが高地価構造に縛られていて、市場での地価は需給に委ねることはできず、当分の間、高値で推移するよう操作されることになる。

このように、国民の所得が低下する中で、高地価を容認した状態で、住宅供給を促進することは困難である。地価を潜在化させたままで、住宅を供給する方策として、定期借地権による事業方法がある。不幸にも、わが国の定期借地権制度は、英国で長い歴史をもつ都市資産形成となったリースホールド事業と違って、五〇年で住宅を取り壊す暫定土地利用としての住宅販売のための定借事業であった。五〇年ごとに住宅を建て直すようなことを繰り返していて、資産として優れた住宅地ができるはずはない。

東名ホームズコーポレーションは、高地価の中部圏において、地主が高い不動産税に悩まされず、土地を保有し続けることで、経済的利益をあげられる方法について検討した。

地主は土地を所有して、それを賃貸借に提供することで、地代収入を手に入れる階層である。地主にとって土地からの収益を最大にできる資産運用の方法としては、当面の不動産賃貸料収入はもとより、都市住宅地が計画どおり熟成して、より高い賃貸料を支払っても、居住し続けたいという需要に支持されて不動産経営を営むことができるならば、長期にわたる地主の資産形成に資することになる。中部圏はその経済発展により、家賃負担能力の高い需要層が拡大するが、それらの需要層の求める住宅地は、その社会的地位や身分に相応しい環境をもっていなければならない。

名古屋の高級住宅地、昭和区南山や千種区覚王山の中部電力が保有する土地に、東名ホームズコーポレーションによって、高級賃貸住宅事業が取り組まれることになった。過去のデベロッパーであれば、高級住宅地の環境を売り物に、高額アパートやマンションを詰め込んで、地価を吊り上げ、邸宅居住者には相続税を負担不能に追い込んで、結果的に邸宅地を破壊させてきたであろう。しかし、そ

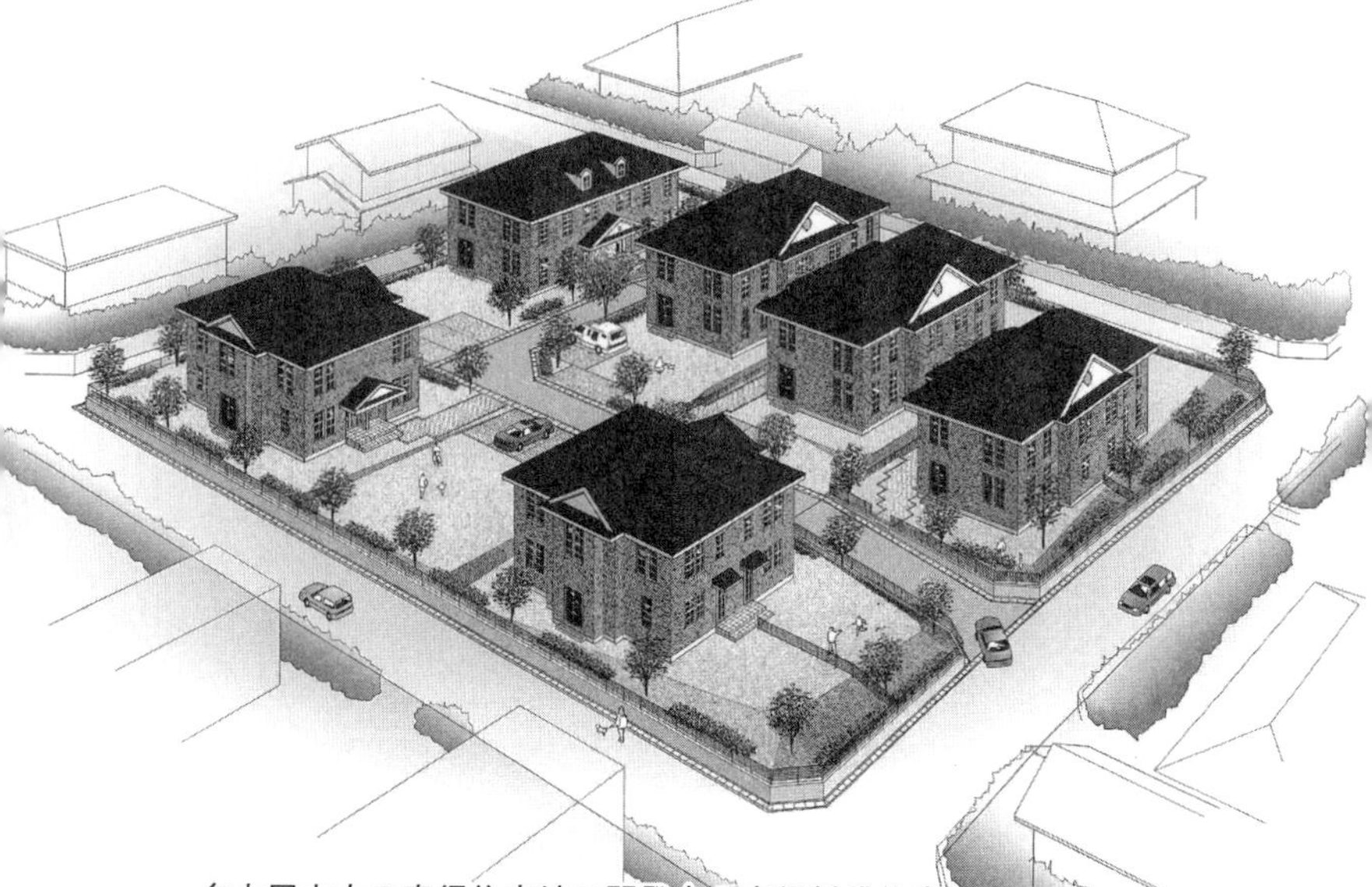

名古屋市内の高級住宅地に開発中の高級賃貸住宅
南山ヒルズ（東名ホームズコーポレーション）

れでは、長期的視点での高級住宅地は造れないと東名ホームズコーポレーションの坂部社長は考えた。それは従来の開発とまったく違った考え方によって取り組まれた。

現在、東名ホームズコーポレーションによって取り組まれている高級賃貸住宅事業は、地主の所有する土地の地価を潜在化させたままで、高所得で、社会的地位の高い海外からの駐在員の家族向けに、周辺の高級な邸宅地と調和のとれた住宅地として開発しようとするものである。この住宅地は、東名ホームズコーポレーションが開発管理一貫の専門の住宅建設管理会社として経営管理を受託するため、開発意図どおりに高級な邸宅地環境が経済的に守られることにもなる。つまり、既存の邸宅地との相乗効果を配慮した優れた邸宅地環境を熟成させることになる。このような取組みは、地主が東名ホームズコーポレーションのような経験の豊かな優れた不動産管理運営主体に、事業全体を委ねることによって実現できるものであって、地主であるから誰でもできるものではない。

高級賃貸住宅の重点・経営管理

高級賃貸住宅の需要は、全住宅市場から見れば、量的には限られているが、その住宅に取り組む企業の事業規模から見れば、将来的にきわめて大きい需要の見込まれる市場である。しかも、これまでのわが国の住宅は、邸宅地が次々にアパートやマンションに建て替えられて崩壊させられてきたため、ストックとして評価できる高級賃貸住宅は存在しない。覚王山や八事地域には、戦前は多くの高級賃貸住宅が建っていて、地主にとって、優れた不動産経営の手段になっていた。

名古屋が国際的に急速に発展し、熟成している過程で、多数の高所得者の中に賃貸住宅を希望する者が出現することは必至である。重大な業務や大きな起業の経営者や管理職として名古屋で働いている間、高い仕事のストレスを癒し、家族との豊かな生活と、社会的なつきあい交流を必要とする人々は急増するに違いない。これらの人々に必要な住宅は、できれば既存の高級住宅地のもっている熟成した環境を享受しながら、新しい生活要求に応えるものでなければならない。

住宅を選択する人にとって最も重要なことは、この住宅地の立地である。既存の邸宅地には、長い年月を掛けて築かれてきた邸宅地としての品質（デザイン、利便性、安全性）がある。邸宅地全体として醸し出されるデザインは、そこに存在し、または建設される住宅のデザインによって形成され、改良され、洗練されることになる。

高級住宅地として共有すべきデザインとは、そこに建設される住宅が相互に調和し、全体の構成を尊重するようなデザインである。クラシックなデザインは、基本的に長い年月の中で多くの人々に吟味され、様々な環境の中で実践されて現代にまで継承されたものであるため、よほどのことがない限り、既存の邸宅地の町並みと高い調和を実現することができる。特に、各邸宅地の敷地には、十分な空地があって、そこに多様な植栽をすることができることから、各宅地の調和を図ることは容易である。

高級住宅地の性格を決定する最終の鍵は、そこの居住者である。居住者が高級住宅地の環境に必要なルールを守って、環境の守り手になり、邸宅地を「わが町」と感じることができるように管理・運営することを措いてない。高級住宅地に建設されている住宅が持ち家であるか、賃貸住宅であるかという違いは、住宅地の性格に基本的な影響を与えるものではない。ただし、借家人は、そこに不動産を所有している者でないことから、その不動産に対するこだわりは、不動産所有者に比較して低いことは致し方ない。しかし、その住宅地に住んでいることを居住者が誇りに思い、その環境を自らの財産と感じることは十分可能である。そのため、東名ホームズコーポレーションは、自らが建設業者であると同時に、高級賃貸住宅経営者として、借家人と地主との間に入って、双方の利益にかなった住宅地経営をすることにより、資産価値のある高級賃貸住宅事業を成功に導く取組みを行っている。

2 ― 買取価格保証住宅

買取価格保証制度導入の理由 ――「循環型住み替え社会に向けて」

オスカーホームは、自社の販売した住宅を、購入者の要求があれば、買取りすることを保証する制度を採り入れた。買取価格保証制度こそ、これからの時代の先取りである。

住宅資産を地価の継続的上昇でリスクヘッジしていた時代は終焉を迎え、不動産としての住宅と住環境が提供する効用が誘引する需要の大きさで資産価値が決定されることを認識して、その効用の維持・管理・向上させる責任が、個人とコミュニティに求められている。

一方、建設廃棄物の処理問題、地球温暖化への宅地造成の影響などの観点から環境問題に配慮し、住宅および宅地の建設、改良工事の各段階で環境への負荷を軽減する必要性が高まり、新たな対応を求められている。住宅は常に、多様な需要に的確に応え、人々の住生活を満足させ、住宅の耐用年数がより長期化するため、住宅ストックの適切な維持・管理と、リモデリングや流通が円滑に行われることが焦点になる。資産価値のある住宅を、人々のライフスタイルに合わせて、住み替えることが円滑にできれば、生涯の財産を形成することができるはずである。

これまでの住宅産業界の取組みは、取得するときの消費者を惹き付ける「こだわり」を満載することで、提供側が「売り」を操作し、生産会社の社会的評判で形成される「ブランド」を住宅の価格操作に用いることで、住宅の高額化を正当化させてきた。高値の販売価格を、正当な住宅の価値ではなく操作できる理由は、わが国には住宅の効用を、消費者の住宅需要内容との対応で、科学的に評価する不動産鑑定評価技術がなく、実践されていないためである。

住宅を持つときに、「生涯この家に住む」と思っていても、結果的にはそうならないことが多い。人々のライフスタイルの変化や家族の形態や収入状況によって、要求する住まいが変わるからである。現代社会ではまさに、社会構造の大きな変化に対応する住み替え社会の到来が予測されている。この社会に向けて、様々な面で未整備な住宅市場の現状とのギャップに際して、本当に求められる住まいの価値とはどうあるべきか、住宅に明確な資産価値を与えるにはどのようなシステムが必要かを考えたとき、オスカーホームとして、来るべき循環型住み替え社会に向けて住宅流通市場活性化の一助として、またはその呼び水になればとの思いで構築したシステムが、買取価格保証制度である。

買取価格保証制度とは、資産価値が保全される良好な立地・環境を有した住宅地に、オスカーホームの企画・設計・施工により建築した売建型分譲住宅に対し、引渡し後二〇年間は、オスカーホーム独自の設定率に基づいた査定価格で買い取ることを保証する制度のことである。買取率は同時期の住宅金融公庫の金利から算出し、住宅取得総費用の八〇パーセントの借入れを想定したうえで、買取時に残債が残らない率を設定する。引渡し後の追加・改修工事金額についても、施工時からの買取率設定となり、資産に対する追加投資も考慮した住宅資産保全のためのサポートシステムである。この制度はまた、オスカーホーム自体が開発した住宅地および住宅について需要内容を考えて、十分高い市

●対象／リバーパーク珠泉ハーモニーエリア・ヴィラジャパネスクのスペックホーム
●期間／お引き渡し日より最長20年間

●買取の条件

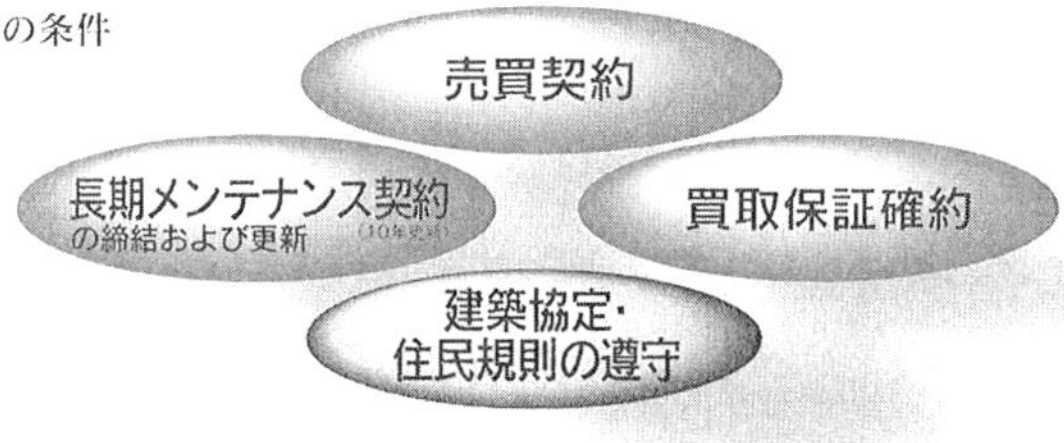

●買取までの
プロセス

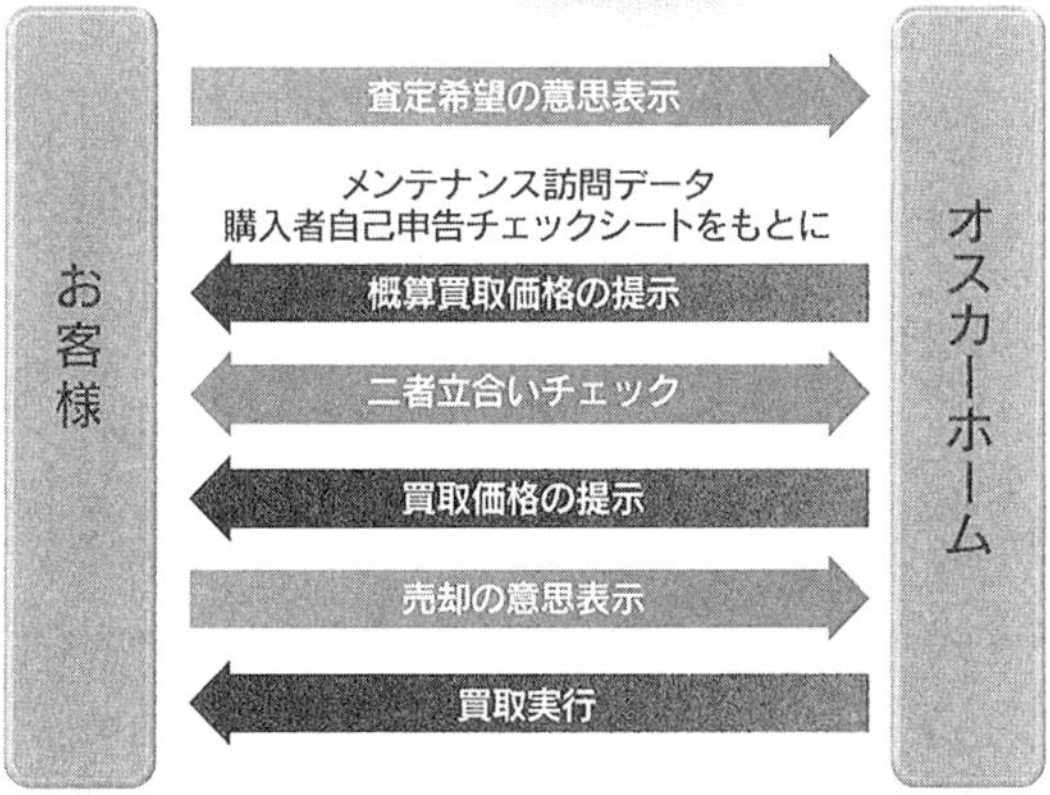

●買取価格／買取価格は売買契約合計金額（消費税除く）に下記経過に基づく買取率を乗じて算出した金額を原則としますが、物件の損耗状態により変動することがあります。また、引き渡し後の追加・改修工事金額（消費税除く）についても同様となります。

オスカーホーム（富山市）

場流通性をもつと判断できる売建型分譲住宅「スペックホーム」によって実現できる制度である。

資産価値評価に耐える住宅の内容――資産価値に資する「住まいのステージ」

経済成長期にあった過去の時代には、地価の継続的高騰により、保有資産価値の上昇を享受することができた。しかしバブル期を経て状況は一転し、地価は長期停滞さらに低下傾向に陥った。この趨勢は、成長社会から成熟社会への転換点であると捉えるべきである。消費者の需要の大きさで支えられる不動産資産価値は、住宅単体だけではなく、住宅地の環境開発および熟成により創出することが重要である。

住宅地の環境開発の基本はストリートスケープで、道に立ったとき眺められる広い空間演出をするセットバックと公園緑地を、居住者が帰属意識をもてるように潤い・憩い・集い・安心・安全にデザインすることである。デザインコードで造られた街並みのデザインは、さらに、街の価値を向上させる。住む人が「わが街」と思うことでコミュニティを形成し、協力して街の資産価値保全に努めることになる。商業・医療・健康・教育などの施設の利便性が、暮らしを豊かにする。サービスが高まれば、さらに人々が惹きつけられ、街の価値は持続的に向上する。

そのような街づくりは、人々の生活要求に対応するサービス施設のサービス領域に応じた規模ごとに計画的に整備することで実現できる。地域ニーズに適合した住環境と暮らし環境の創造こそが、買取価格保証の前提となるものである。

ホームプラン制度による売建型分譲住宅「スペックホーム」

家族、家計、趣味・嗜好・ライフスタイルの変化は、人生に幾度となく訪れる。住宅は、その時点での満足を求めて建てるため、ライフスタイルの変化に対応した豊かな暮らしを実現できないこともある。様々なライフステージ・ライフスタイルの変化に合わせて、住み替えを可能にし、資産価値が保全されるホームプランによる売建型分譲住宅が、オスカーホームの「スペックホーム」である。

「スペックホーム」は普遍的で、調和の取れた街並みを形成する外観デザインとしてつくられる。個々の「スペックホーム」が、調和した街並み景観をつくることができるように計画されているため、資産価値のある街並みを形成することができるホームプランの配置、外観・外構デザインは、オスカーホーム側が用意した計画の範囲から、購入者の自由な選択に委ねられている。内部設備と内装仕様に関しても、オスカーホームが準備・提案するオプションの中から選択し、ライフスタイルに合ったコーディネートを実現する。

複数棟の売建型分譲住宅を計画的に建築することで、資材運搬コストの削減や工事生産性の向上を図り、個別散在住宅に比べ、圧倒的なコストメリットを享受できる。

建設した住宅の品質を維持するため、住宅購入者とオスカーホームとの間の二〇年間の定期検査契約締結は、買取価格保証の条件の一つである。引渡し後、一〇年間毎年一回、外部、内部、設備機器類のチェックをする。メンテナンスの必要が発生した場合、契約締結時に特典として付与したメンテナンスポイントを使用することで、一定額に相当するメンテナンス工事が受けられる。一〇年後、契約更新により、引続き一〇年間の定期検査を継続する。これにより二〇年間の点検・修繕履歴を記録することができ、買取時の重要な物件管理情報となる。

徹底した生産管理によるムリ・ムダ・ムラ――売建型分譲住宅「スペックホーム」生産のねらい

オスカーホームの「スペックホーム」は、これからの地代の循環型住み替え社会を担う、次の四点からなるストック資産形成住宅である。①取得時のコストメリット、②長期安定的で劣化しにくい高性能と、③個性があり、街並みと調和するデザインを具備し、④資材の安定供給および高い理論生産性を発揮する。また、買取価格保証制度は、住宅生産側が住宅および住宅地環境を整え、購入者が内装仕上げの選択をすることで、計画生産のメリットを十分に活用できる。特にコスト面では、工場生産管理の徹底的な効率化を図ることで、従来の個別散在型請負住宅と比較して圧倒的な合理化が図られた。

①計画連棟生産システム

街並み景観形成に主眼をおく連棟生産の考え方は、従来の個別散在的な請負住宅建築に比較して、様々な効率性を追求できる可能性をもっている。一箇所で複数棟の建築を行うことで、工事施工者の移動、駐車場や資材置き場の確保、損料等々の諸経費の無駄が排除される。また、工事監督一人当たりの管理、材料運送費、一棟当たりの工期、経費および必要人工など効率化が可能となる。

②平準化の推進

計画的生産工期の設定が可能となることで、半年から一年程度の各種工事のスケジュールの確保と、施工者の確保が容易になる。また、工事材料の適正在庫管理が可能となり、工事の適質化と均質化およびコストの低位安定化が図られる。

③標準化の推進

計画生産体制の確立に対応して、主に構造、材料、設備等の設計面からの標準化を図り、標準部材と標準発注量の確立、標準工程管理システム構築が可能となる。また二×四パネル生産、屋根トラス生産等の生産の安定化と構造躯体材の汎用部材化が可能になる。

④単純化の推進

複数棟の一体建築による施工効率の向上と関連して、施工技術の工夫により、職方の多能工化と工程管理の単純化、作業単純化と施工量の確保が可能となる。

また、標準化・単純化の難しい部分については、オプション設定として明確化されて、生産システム全体のコスト設定とシステムコントロール能力が飛躍的に向上する。

新設とリモデリングとの一体感――ホームインプルーブメント

戦後の持ち家政策は、量的供給に偏重し、資産としての住宅の質への配慮を怠っていた。オスカーホームでは、住んでいる人の生活要求に応えて、住まいを日々少しずつ改善・改良するメンテナンスとリモデリングサービスを一貫したシステムとすることにより、従来の住宅ストックの価値を保全・向上させ、流通に耐えうる住宅ストックを形成している。それが流通・循環する住み替えシステム構築の一翼を担うと考える。

3――高級賃貸アパート経営――スーパートラストマンションの挑戦

「日本の賃貸住宅を変える」神話と真実

「うさぎ小屋」と言われた日本の「一戸建住宅」は、現在一二二平方メートルで、イギリス一〇二平方メートル、フランス一一二平方メートルを抜いて、ドイツの一二〇平方メートルとほぼ同じ広さとなった。そしてアメリカの一五〇平方メートルを目指している。各国によって多少の床面積の計算基準が変わるものの、もう「うさぎ小屋」ではない。今の日本の一戸建に求められるものは、「資産価値」と「デザイン性」であり、この二大欠陥を一日も早く改善することが、住宅政策と住宅産業に強く求められている。

持ち家に比べて、日本の「賃貸住宅」は、「うさぎ小屋」同然のまったくひどい状態にある。日本の賃貸住宅一六七三万戸の平均面積は、わずか四四・五平方メートルであり、その狭い一三・五坪ほどの住宅に、平均世帯数二・八人が生活している。

中低層賃貸住宅には、木造や鉄骨プレハブ造が多く、防音性能が低く隣家の音が聞こえるなど、プライバシーも確保されていない。また断熱性能も低く、暑くて、寒い生活を強いられている。ちなみに各国の賃貸住宅の平均面積は、ドイツ七五平方メートル、フランス七七平方メートル、イギリス九〇平方メートルであり、アメリカにいたっては一一〇平方メートルであり、日本の賃貸住宅がいかに「貧しい住宅」のレベルであるかを物語っている。人が快適に生活するための最低限度の広さもないのである。

原因として考えられてきた神話（?）と真実の関係は、次のとおりである。

①日本の地価が高い？　しかし、それなら一戸建住宅も同じである。ニューヨークの地価も東京と同じくらい高いので理由にはならない。

②融資制度がない？　日本には世界一有利な三五年間低利で固定金利の賃貸住宅金融公庫がある。六五平方メートル以上の面積には割増融資もつく。

③建築費が高い？　一戸建と比べても坪当たりの建築費用は同程度の価格である。

これらが原因とは考えられない。

貧しい賃貸住宅を正当化する神話（?）を支持している一番の原因は、「日本人の意識」である。賃貸住宅は「仮の住まい」という意識である。だから貧弱でもちょっと我慢しよう。劣悪な借家環境でもしかたない。それは仮住まいであっても、住まいと生活に高いレベルを求めない習慣化された意識

スーパートラストマンション

が原因と考えられる。そして、賃貸住宅とは、一戸建を持てない人達が住む住まいという意識である。これは戦後の住宅政策において、低所得者対策として公団アパートなどが造られたことにも原因があると考えられる。

そこで、誤解を恐れずに述べると、「スーパートラストマンション」とは、「お金持ちの住む・・・」「賢い入居者の住む・・・」「一生涯住める永住型の・・・」賃貸住宅を日本に普及させることが目的であり、そのためにはまず、賃貸住宅に対する意識を変えてくださいとお願いしている。意識を変えるのは、第一に入居者、第二に地主・家主、第三に金融機関、第四に建設業者、第五に賃貸管理業者である。そして、ビジネス特許出願中のこのスーパートラストマンションのシステムを活用すると、この五者にとってまったく新しい「日本の賃貸住宅」が実現すると考えられる。

日本の賃貸住宅を欧米並みにレベルアップするため

には、この五つに関係する人達の五角形（ペンタゴン）がバランスよくそれぞれの意識を変革して、そこから生まれる新たな技術・仕組み・試みによって、日本の貧しい賃貸住宅の劇的な改革が実現すると考えられる。しかし、逆に、このペンタゴンの意識が変わらず、技術革新も改善努力も行われないのであれば、一戸建住宅の世界第二の広い住まいと比べて、賃貸住宅はいつまでも変わらず、最悪の貧しい住宅環境を脱することはできない。

賃貸住宅市場の五つの関係者

スーパートラストマンションの説明の前に、現在の日本のペンタゴン（賃貸住宅市場の五つの関係者、①入居者、②地主・家主、③金融機関、④建設業者、⑤賃貸管理業者の五角形）の抱える問題点について把握しておきたい。

一、入居者の問題点

①仮住まいの意識と一戸建住宅を持てない失望感による賃貸住宅へのあきらめ意識。
②高家賃による生活費の圧迫。
③八〇平方メートル・一〇〇平方メートルの賃貸住宅自体が日本に存在しないので、住みたくても住めない。万一あっても給与の六〇パーセントの家賃負担となる。

二、地主・家主の問題点

①本当はやりたくない賃貸住宅経営が本音であり、しかたがなく賃貸住宅を建てている。これでは住

む人の立場に立った、親身な良質な賃貸住宅の建設になっていない。建物の構造や性能にはまったく無関心で、アパート会社の営業の都合のいい話だけで賃貸住宅を建てている。その理由は、目的自体が、快適な住宅建設ではなく、相続税や固定資産税の節税だからである。これではいつまでたっても、欧米並みの賃貸住宅はできるはずもない。

②うしろめたい地主の気持ちが第二の問題点である。先祖代々の農地にアパートを建ててしまう。できればやりたくない。先祖に申し訳ないと心の片隅で思うことの中には、日本の賃貸住宅を改善しようとする社会的な意義や理念や哲学はまったく存在しない。もっとひどい場合は、利益を出すことに対してても、うしろめたく思うことである。この意識に災いされて、賃貸経営に失敗していく事例が大変に多くなっている。

三、金融機関の問題点

①木造・鉄筋・プレハブ造・コンクリート造の建物に対する金融機関の査定能力はゼロに等しい。建物の価値評価をせず、見積書と返済能力による安易な融資体制である。これが、わが国の建物の価値を評価しないクレジットローン（サラ金）である。最悪の場合は自己破産が要求される。地主・家主は不当に厳しい返済義務を負わされている。

②賃貸住宅経営に対する金融機関の審査能力はゼロに等しい。金融機関はまったく賃貸アパートマンションの経営ノウハウをもっていない。欧米型の収益還元法則に基づく経営の審査ができない。これが原因で、日本には優良で短期的な見通しの賃貸住宅がない。あるのは高い家賃を入居者に強要

して、その収入を借入金の返済にするための賃貸住宅だけである。本来の住宅建設は一〇〇年耐用可能なものであるべきで、鉄筋・プレハブや木造などで賃貸住宅を建てれば、どうしても短期（一五年〜二五年）の借入金返済となり、それはすべて高い家賃として入居者の負担になるのである。

四、建設業者の問題点

①建設業者の建設業経営管理能力が低いため、建設費が高すぎることである。これでは借入金が増えて返済額も多くなり、すべて家賃に押し付けられる。家賃を低くする第一の条件は、建設費の合理化を図って安くすることである。

②次に、建設業者は入居者をお客様と考えていない。地主が賃貸住宅経営に成功する前提は、入居者の満足である。建設業者は、地主の賃貸住宅に求める要望にはまったく関心がない。そのため、普通の間取り、普通の大きさで、プライバシーを一番気にする入居者に対しても、防音性能の低い鉄骨・プレハブ・木造アパートは安く建設できるという理由だけで提供している。コンクリート造が防音性能も耐久性も最も優れているのに、コンクリート造にしない理由は、建設費が高いからである。しかし、この理由は間違いである。コンクリート造の建物の原価は、鉄筋・プレハブ・木造よりもずっと安くできるのである。唯一の問題点は、生コンクリートの凝固にかかる時間などで、長期の建設工期が掛かることである。年間三〇〇〇棟販売のアパート会社は、三倍の工期だと年間三分の一の売上げになり倒産する。大手建設業者は、大量生産・大量販売の建物しか供給できない。ここでも入居者の要望が、建設業者の都合で実現できないのである。

五、賃貸管理業者の問題点

①賃貸住宅は入居させれば、手数料という利益が出る。残念ながら、賃貸仲介・管理業者は、今の市場にある賃貸住宅の斡旋と仲介だけで、より良い賃貸住宅の改善には興味がない。斡旋仲介で生き残りに必死である。賃貸住宅の管理業務自体が、利益のあがる経営になるという取組みが弱い。

②また、建設の構造やコストや賃貸経営の知識が不足していて、賃貸住宅を改善する意識も乏しい。賃貸管理業者の賃貸住宅についての改善意識が今後大いに期待されるところである。

以上が、賃貸住宅に関わる入居者を含めた五角形（ペンタゴン）の問題点である。

スーパートラストマンションの検証

さて「スーパートラストマンション」の試みは、どこまでこれらの問題点を解決できるのかを検証していきたい。

まず、スーパートラストマンションの理念・目的は、「日本の賃貸を変える」。キャッチフレーズで表現すると「一〇〇平方メートル（広くて）、家賃半値（安くて）、コンクリート造の高級デザイナーズマンション（超快適）」、一言で言うと「広くて・安くて・超快適」となる。

本当かな、と疑う人も多いと思うが、現実にこのキャッチフレーズと同じ内容が、アサヒグローバルにより、三重県下ではすでに実現されている。入居者の家賃は設定家賃の半値も多く、中には月八万円の家賃が無料という入居者も出現している（この場合は税法上、給与所得の人も確定申告が必要となる)。

また、建物は断熱性能に優れ、防音性能に優れたコンクリート造で快適な生活であり、床面積は八〇平方メートル～一三〇平方メートルと広く、地下室収納やロフト付き屋根裏収納付きもある。デザイナーズの外観は、センスと高級感があり、住む人のライフスタイル重視で人気物件となっている。一二世帯の入居募集に対して三六世帯の申込み、現在、空室待ちの入居者が多数いるなどの状況が入居者の人気を証明している。間取りも対面キッチンや広いリビングなど、インテリアデザイナーの力作となっている。今後はトイレ二箇所や寝室にシャワー付きなどが計画されている。

建設費用も坪当たり三三万円(税別・施工床・本体工事費)からと、通常の鉄骨・プレハブアパートや木造アパートより安い建築費となっている。また、地主に対する賃貸経営の指導(年一二回の税金セミナー、その他)と賃貸管理や家賃保証(二〇年・三〇年)も実施されている。自己資金不足や融資不足に対する建設資金の貸し出しも行われている。ビジネス特許を出願後、三年間のテスト期間を終了して、四年目の二〇〇四年度より、全国展開のための、各県別のビジネスパートナーを募集するに至っている。

一言でこのスーパートラストマンションの仕組みの骨子を説明すると、「入居者が一〇〇万円単位のトラスト倶楽部加入金を支払うことによって、優待家賃が受けられるもの」である。月一〇万円の家賃なら、一五〇〇万円の会費を支払えば、四パーセント相当の年間約六〇万円の家賃が安く優待される(一五〇〇万円×四パーセント＝六〇万円÷十二カ月＝五万円)。月五万円なので、通常、家賃一〇万円が五万円の家賃に優待されるものである。また、三〇〇万円の会費では年間一二万円の家賃優待なので、月一〇万円の家賃は九万円の優待家賃となる。

これらは、すべて会員のランク別に優待家賃が設定されている。五年間のクーリングオフや、いつでも解約できること（この場合は当然、通常の家賃に戻る。退居の必要もない）、追加や減額も自由である。なぜそれができるのかと言えば、この加入金が地主の賃貸住宅の建設費の一部として融資されて、年間五パーセントの金利が支払われるからである。この融資も、入居者満足のためにより広く、より快適にするためのグレードアップの費用として使われるので、八〇平方メートル・一〇〇平方メートルの賃貸マンションが建つのである。当然、建築費用も最大限安く、技術と品質に優れた実力のある有力な建設業者で建築されなければならない。スーパートラストマンションの特徴は、この優待家賃による「入居者の家賃半値」と「地主への建設資金融資」と「優良な地元建設業者」のパートナーシップである。また、「地域の優良な賃貸管理業者との提携」も三重県下では実績を上げている。

以上述べたように、入居者を頂点としたこのペンタゴン（五つの関係者）の意識が変わり、そこに技術・仕組み・試みが、勇気をもって実行されなければ「日本の賃貸住宅は変わらない」のである。全国のスーパートラストマンションビジネスパートナー各社は、貧しい日本の賃貸住宅の改革に使命感をもって挑戦し続けている。

4——洋風デザインにこだわった住宅地開発——サスティナブルコミュニティ

首都改造計画を展望した新しい街づくり

オリックスが事業主となり、ミキヤホーム（現ラウリマデザインスタジオ）がデザインした敷地面積五・四ヘクタールのマークスプリングスの立地条件は、住宅地として人気の高い東急田園都市線の南町田駅から一・三キロメートル、東名高速横浜町田インターチェンジから一キロメートル、国道二四六号と旧国道一六号の交差する地点にある。

自動車の交通量が多いところで、東名高速の横浜町田インターが開通すると、横浜市内の工場の配送センターや組立て工場、問屋街が誘致され、ますます交通量が増え、住宅地としての評価は低い。しかし、周りには自然の残る森や丘陵地帯が多く残されていて、東急田園都市線沿線に次々と開発された中高級住宅地が隣接しているため、マークスプリングスから半径二キロメートル圏内には、県内最大のシネマコンプレックスのサティやオークシティ、アウトレットショップ・グランベリーモール、フランスの大型スーパーマーケット・カルフール等が開業した。さらに、一六号沿いの沿線には、多くのレストランや商業施設が立ち並び、生活インフラは十分に整備されている。

東京の中心として業務核都市である横浜、川崎と立川、八王子とを結ぶ線と東京都心からの放射状二四六号線が交差する位置にあり、首都圏の将来展望の中で、現状では住宅地としての評価は低いが、

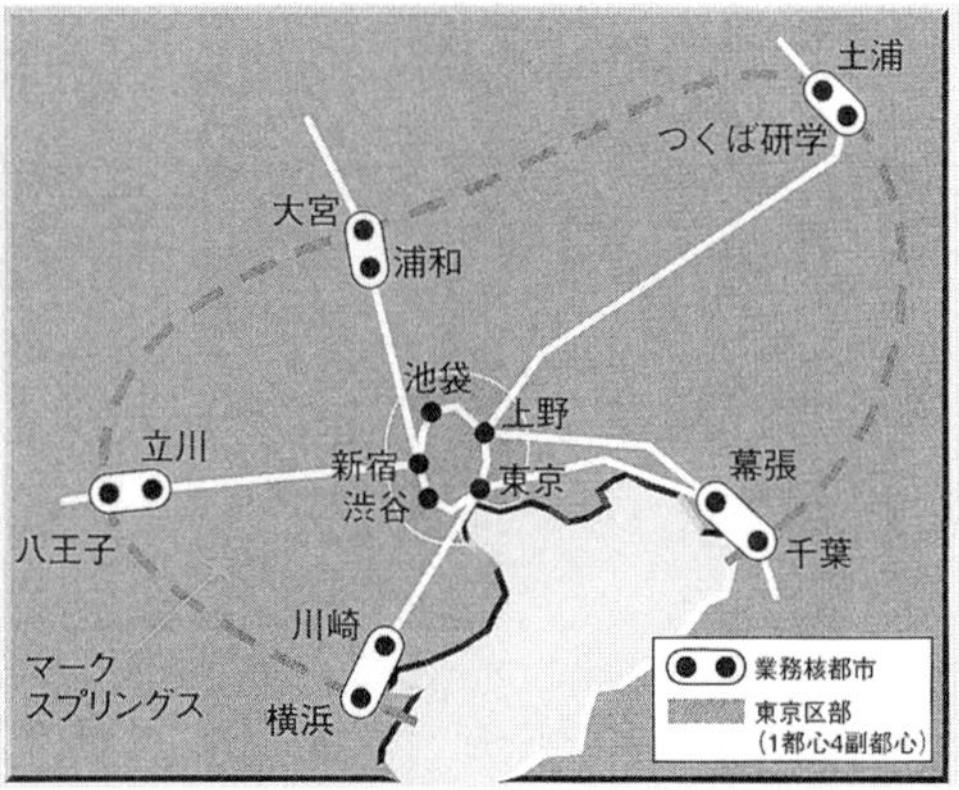

業務核都市とマークスプリングスとの位置関係

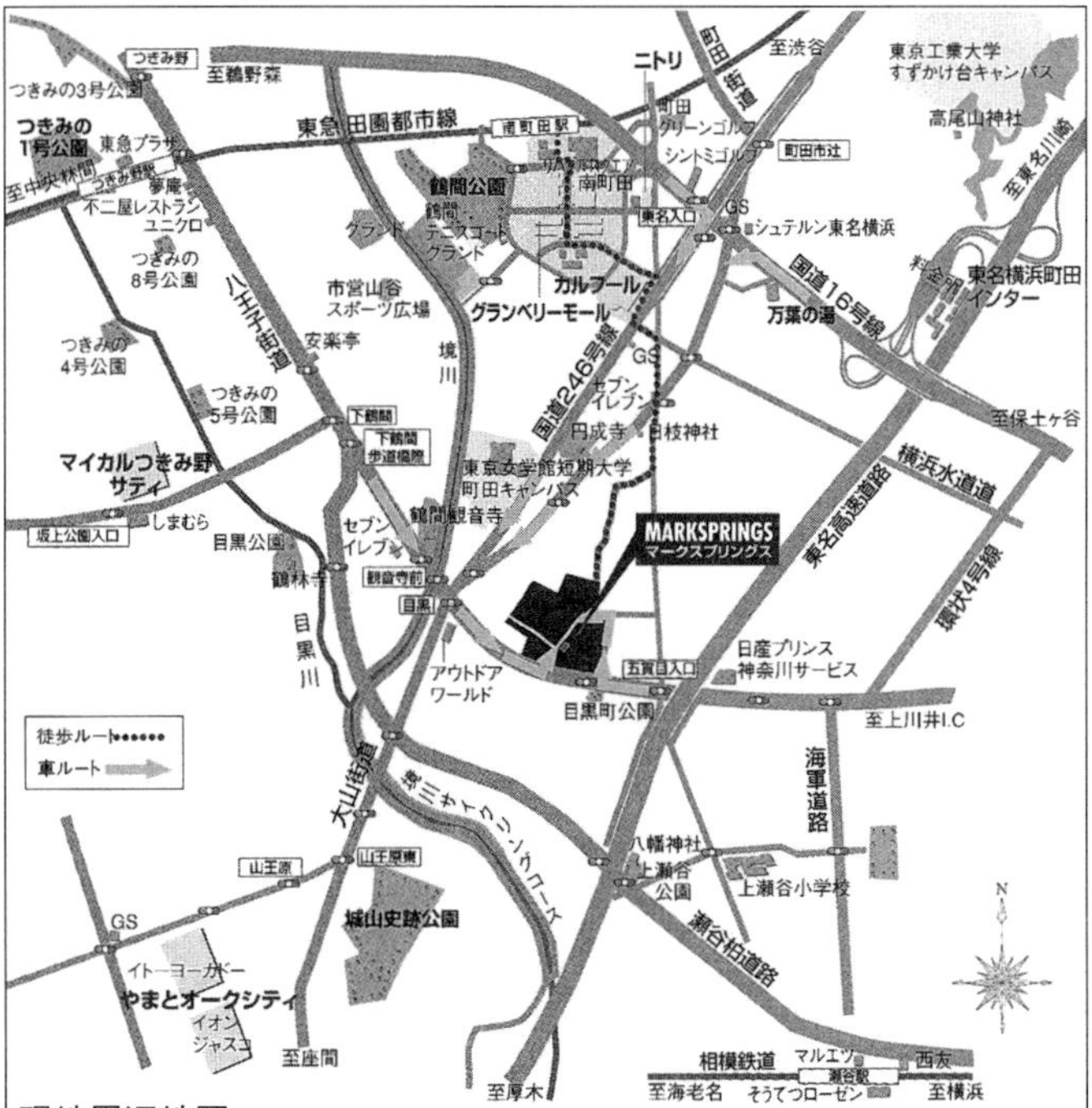

現地周辺地図

将来、高級な住宅地として発展していく可能性の高い地理的条件にある。いずれはこの区域内にある流通業務や工場は、住居用土地利用に転換されるであろう。

しかし、現時点で工業地帯にある開発地を、将来の中高級住宅地を展望した開発とするためには、周辺の環境に妨害されないで、自立性の高い住宅地経営を実現するという厳しい条件を満たさなければならない。地価負担を最小にする将来の開発手法を用いれば、一二〇〇戸以上のマンションを建設することができる。このプロジェクトでは、目先の安価な住宅販売ではなく、購入者にとって将来の資産形成となる住宅地をめざした。

サスティナブルコミュニティの必然性

事業主オリックスの希望する「豊かな暮らしを創造し、住む人々の立場にたった街づくり」と「憧れのおしゃれな街」をコンセプトとしたマスタープランは、ミキヤホームの渋谷征教をチーフデザイナーとして、マンション三棟（六五〇戸）と八七棟の戸建住宅を、同一敷地内に配置計画した、日本で初めての複合型分譲住宅地（容積消化率は七五パーセント）計画となった。

ＤＩＮＫＳから二世帯住宅まで、あらゆる人々が様々なライフスタイルで生活し、住み続けられる街を創造し、時を経るごとに、住民の帰属意識を高めることができる街づくりである。そこに住む住民の資産を守り続けるためには、周辺環境から隔離でき、同時にこの街が、この地域を住居系土地利用に転換する牽引者となるべく様々な仕掛けが取り入れられた。

チーフデザイナー渋谷は浜っ子である。マークスプリングスは横浜市に位置していることから、明治時代から欧米文化の窓口としての文化的伝統をもち、浜っ子の憧れの住宅地であり続けるデザインによる「サスティナブルコミュニティ」の実現が取り組まれることになった。人々が求めている住宅とは、憧れの横浜のイメージをもち、居住者の嗜好に応えた優れた景観、住むうえに便利で、安全で素敵なデザインをもち、使いやすく優れた性能をもった住宅である。

街づくりの景観とデザインモチーフは、周辺環境から自衛してきた中世西欧都市国家の都市デザイン、イタリアのフィレンツェ近郊の中世都市や地中海沿岸の都市を、マークスプリングスのモデルにした。モデルとなった中世の都市国家は、自衛のために堀を削り、塀を築き、やがて砦を造り、城壁となった。自衛のために築いた城壁は、街の周辺からさらに拡大した大きな都市国家となった。

政治的、経済的に熟成し栄えた街も、疫病に見舞われると、一夜にして崩壊する打撃を受けた。このような災害を避けるために、貴族や大商人達は、疫病の流行る夏場は、郊外に建てた別荘に逃れて生活し、郊外の田園で農作業に従事した。当時、すでに都市から田園に自然回帰する思想は、金持ち達の流行となっていた。貴族や大富豪達は通年、ほとんど郊外の別荘（ビラ）で生活し、仕事の折衝や打合せも、招待客のパーティも、この別荘（ビラ）で行った。

町と街並みのデザイン

マークスプリングスの街づくりの基本構成は、浜っ子の渋谷自身にとっても、憧れのデザインとして外周の城壁にあたるマンションと、街の内側に戸建と二重の城壁と街のシンボルである塔と集会所、さらに奥にはビラを配置し、ヨーロッパ中世の街をモデルとしたのである。建物のデザインモチーフには、地中海沿岸や南部の高原地方のデザインを登用した。

マークスプリングスの基調となった計画地の中心に、センター棟と商業棟、戸建住宅を配置した。これらの建物は、マークスプリングス全体を三棟のマンションで囲んだ城と見立てた場合のコートヤード（中庭）として計画された。

素朴な赤や茶褐色の瓦に白壁の建物は、一般的にはスパニッシュスタイルと呼ばれ、スペインから南フランス、イタリア沿岸地帯の地中海に沿った国々の特徴である。同じようなプロポーションであっても、国々によりそれぞれ形式や様式があり、特徴ある装飾が施されている。しかし、同じ材料で製作された瓦や壁の資材は、デザインやディテールが異なっても、同様な雰囲気を醸し出している。細かなディテールに、コートダジュールにつながるヨーロッパ南部地方の各国、村、街のスタイルが重なり合って、メディタレニアンスタイル（地中海様式）を生み出した。マークスプリングスの景観は、この地中海スタイルで全体を統一することになった。

地中海スタイルを導入した大きな理由の第一は、赤瓦と白壁のロマンチックな景観が特に女性に人気があること。この中庭部分には、スパニッシュ様式、クラフツマン様式など欧米で最もポピュラーな住宅街区のデザインを形成することで、居住者にくつろぎを感じさせる街並みとした。

第二は、城壁で囲まれたデザインは、過去の歴史の中で「わが街」、「わが家」として帰属意識と連帯感を育んできたこと。第三は、青い空や海と街並みのデザインが融合し、安らぎと優雅な景観を生み出し、平和で和やかな夢と希望を享受できる環境を醸し出すことである。街中を結ぶ街路は、緩やかにカーブを描き、ピクチャレスクな景観の連続性を創造し、特別なビューポイントを意識的に創り出した。また、街に不必要な車が入り込まないように、外部からの視覚が直線的にならないようにし、街中の安全を守り、全体の景観が散漫にならないようにした。

戸建街区からは、地中海スタイルの瓦屋根と背景となるマンションのルーフラインが重なり合うようなハーモニーとリズム感を演出した。戸建住宅は、お互いの外観を楽しみ、町全体として相乗効果の得られる外観デザインとなるように、様式や形式とともに、外壁のカラーや材料の割付けにも配慮した。

全体敷地の五〇パーセント以上を空地とした全体計画は、ランドスケープや夜間の照明（ライティングデザイン）に、専門のデザイナーを起用した。街で生活する人々が、自然発生的にコミュニティを形成し、自らの努力で将来の高級住宅地を目指し、多様なライフスタイルを謳歌、享受できるように配慮されている。

街のサービス施設（機能や性能）

街のデザインと同時に、住む人々が高いアメニティを享受でき、街の環境も維持されなければならない。単なる共用施設だけでなく、居住者が満足できる多くのサービス施設を計画した利便施設としては、コンビニエンスストア、フラワーショップ、ベーカリー、ドラッグストア、また入居者専用施設の天然温泉とバーデプール、託児施設、ベビールーム（保育園）を配置し、別棟として医療介護施設とクリニック、歯科医を併設した。

インフラ整備にあたり、震災時に最も危険で災害復興の妨げになる電柱を地中化したことにより、道路を曲線とすることができた。また、将来を見据えて、街の中を光ファイバー網で連結した。戸建住宅はＦＴＴＨ、マンションはインターネットを使い、一〇〇Ｍｂｐｓ対応のデータを受信可能にした。また、マンションを含む戸建全街区の二四時間安全監視パトロールを義務付けた。

住宅のユニットプランはオープンスタイル（機能）

戸建住宅、マンションともに欧米型のオープンプランで、玄関からリビング、ダイニング、キッチンまで、各室の空間が連続し見渡せる平面計画である。

この考え方は戦後、米国で空調機器の発達により計画されたが、同時に共働きの夫婦家族が、仕事の帰りに子供を託児所から引き取り、夕飯の仕度をしながら、子供達とコミュニケーションをとり、また子供達が帰るのを確認し合える住宅の間取りである。

□スターターズ（一次取得者向け）住戸

夫婦と幼児一名程度の家族や、ディンクス向けの比較的小型のユニットであるが、室数を抑え、生活空間のリビングやキッチンを広めに取り、欧米並みに寝室と廊下から直接バスルームが利用できるジャックアンドジル方式を導入した。居室のカラースキームは欧米並みに、子供達のために極端な原色モノトーンを避けた。

□ファミリー（成熟家族向け）住戸Ⅰ

夫婦、子供二名の四人家族を対象としたユニットである。大型のファミリータイプのユニット、和室付きの三ベッドルームタイプからツーバス（主寝室にバス付き）、デン（書斎）やサンルーム付きまで、多くのバリエーションを計画した。

□ファミリー（成熟家族向け）住戸Ⅱ

二世帯住宅、ツーキッチン付きユニットおよび在宅勤務者向けユニット（ＳＯＨＯ）をあらかじめ計画したユニットで、欧米では開発戸数の三〇パーセントが、在宅勤務者向け住宅として建設されている。

□エンプティネスターズ（子育て完了世帯向け）住戸

働き盛りの夫婦で、子供が独立し、週末に子供が訪問する家族向け住宅。主婦は子供に手が掛からないぶん、夫婦のコミュニケーションを重視する。仕事が忙しくて、また帰宅してもパソコンに向かう夫に、不満な主婦達のためにキッチンを住宅の中心に設け、妻がキッチンから住戸全体を見渡せ、夫とも対話ができ、寂しさの感じることがないように配慮した。

マークスプリングスの俯瞰図「地中海様式の町」

ビクトリアン様式の街並み

住宅地の運営管理と資産形成

マークスプリングスは、サスティナブルコミュニティとしての経営を目指して、住宅全体の環境管理を一元的に行うため、当地に住宅を所有した者が、全員強制加入する環境管理法人を設立し、その下で自治体的運営をすることになっている。また、マークスプリングスは、五・四ヘクタールの土地を、七四〇世帯が高い生活を享受できる住宅地とすることで、それらの世帯の家計支出で負担されている地代収入を生み出す収益性の高い土地資産となった。その地代収入相当分の収益資本還元分の地価は、確実に保証され、かつ、これからの周辺都市の熟成による開発利益が加算され、資産価値は必ず上昇するであろう。

6章　資産形成住宅にレンガ建築の果たす役割

1 ― 世界の資産形成住宅とレンガ

日本のレンガ建築と評価

日本でレンガ建築が話題になるとき、必ず関東大震災によって銀座や築地のレンガ街や、横浜や山手のレンガ造外国人住宅倒壊の例が出される。そして、「やっぱりレンガは地震国の建築には駄目だ」といった意見が多く出されて、レンガ建築を見送る結論に導かれることが多い。日本の大学や工業学校の建築教育でも、組積造自体の教育はほとんど行われていない。その理由は、関東大震災以来、レンガ造建築は構造耐力上、耐震性が劣る建築物であると決めつけられて、主要な建築物の構造材料として使われなくなっただけではなく、教育の対象から外されてしまったことにある。

第二次世界大戦によって、木造建築物で市街地が形成された日本では、焼夷弾によって市街地火災が発生し、多数の死傷者が出たため、戦後の都市づくりは、不燃都市の建設を重視する政策は立てられたが、ついにレンガ建築の復権を見ることはなかった。

日本が戦後、不燃都市建設の彼岸に向けて、耐火建築物の促進、防火帯や防災街区の建設に国を挙げて取り組んだにもかかわらず、レンガ建築が復興できなかった理由として、レンガ建築が、戦前に国家のデザインと表裏の関係をなしていたということを主張する意見もある。明治維新後、近代日本の国家デザインとして、天皇の玄関である東京駅、資本主義の牙城である日本銀行、議会制を象徴する国会議事堂を造るにあたり、神聖ローマ帝国の中心であったベルギーの中央銀行、一七世紀西欧最大の港町アムステルダム中央駅のような西欧の誇る優れた組積造建築デザインを真似て造られた。官公庁や学校など近代国家の多くの施設も欧米のデザインを真似て、レンガ造や石造建築で造られた。特に、警察署、兵営、刑務所など国家の権力や暴力装置の建築物には、レンガが多用されたことから、レンガのデザインは、多くの国民を圧迫する権力のデザインとして受け止められることになった。そのため、民主国家の建設を国是とする日本では、レンガのデザインが疎ましく思われ、避けてとおられた。そして、レンガに代わる材料として、コンクリートブロックが登場し、多くの建築物に使われることになった。

日本経済が急成長し、一九八〇年代に入ると、海外へ出かけた多くの人々は、レンガ建築を審美的に優れた重厚なデザインと感じ、懐かしく、美しい憧れの建築と考えるようになった。しかし、日本ではすでに、レンガの生産はもとより、レンガ積みのできる技能者は世代として失われ、実践自体が困難な状態になっていた。そのような環境の中で、レンガの代用品として、レンガタイルが建築物の外装デザインとして登場した。しかし、レンガタイル（陶磁器）には、レンガのような時を経て風合いの出る雰囲気は出せないことに人々は気付くようになった。

石造の代用品、レンガ造独自のデザイン

建築構造材料として木材、石材と並んでレンガは、人類の誕生とともに使われてきた材料である。石造に代替するもっぱら構造耐力を担う材料として、焼レンガと並んで日干しレンガ、コンクリートレンガや珪酸カルシウムレンガの歴史も長い。これらの構造用レンガには、表面に石造のデザインを採用することで、威風堂々たる建築物を造ってきた。ロシアのセントペテルスブルグに建つ「冬の宮」をはじめ、ウィーンの多くの王宮や公共建築がレンガを使って建てられた。その流れをくんで、日本で建築されたレンガ建築が、銀座や築地のレンガ街であった。

一方、フランドル地方のような低湿地では、石材のような建材が入手できなかったことから、堆積粘土を成型焼成してつくるレンガを、構造や化粧材として使う技術が古くから開発され、やがて、英国をはじめヨーロッパ各地で、建築物に美しいレンガが化粧材として使われるようになった。東京駅をはじめ、丸の内のレンガ建築街は、レンガを化粧材として使った流れの建築物である。

レンガは、粘土中の鉄分や石灰などの混入割合によって焼成した色が、赤から淡黄色まで多様に変化している。昔のレンガ建築は、建物の周囲の粘土を掘削、成型、焼成して使われたため、建築物の建った後の粘土の掘削跡地には池ができるとまで言われていた。つまり、レンガ建築こそ、きわめて土着性（バナキュラー）の強い建築物として、地方ごとに帰属意識のもてるデザインを造るといわれ

ている。レンガ建築は、土着のデザインを、土着の材料と土着の技能とによって造られてきた。レンガは、その土地の粘土から作られることで、各地の人々に愛され、また、レンガ建築は汚れても、石造のように醜くはならず、逆に、レンガの汚れが、建築物の歴史の味わいを増進するものとして、洗浄をしないで使われてきた。英国では豊かな人生経験を深みのある人格形成にたとえて、「レンガのような味わいのある人」（He is a complete brick）という誉め言葉として使われているように、汚れたレンガは人々に愛されているものである。

2―レンガ建築が資産価値形成になる条件

消費者が求める住宅の条件

レンガ建築の良さを説明するたとえ話として、三匹の子豚の藁葺きの家、木の家、レンガの家ほど象徴的なものはない。住宅は人々の生命と財産を守るために、構造耐力上、地震に強く、風水害や火災の被害を受けず、外部からの犯罪に対して安全であることが条件として示されている。しかし住宅は、安全以前の前提として、その住宅が住む人にとって、わが家と自負できる愛着のもてるものであることが求められる。住宅は土地に定着して、はじめてその効用を果たすものである。

住宅はその隣接する環境と相互に関係して、はじめて固有の効用を発揮することができる。「大草原の小さな家」のように、一軒家として生活できる住宅もないわけではない。しかし、都市生活の場合はもとより、農山漁村で生活する場合にも、人々の住生活を営むための基本的な生活基盤をできるだけ低い負担額で、できるだけ高い水準で手に入れるためには、人々が集住することは不可欠の条件になる。集住することで、少ない費用負担で効率の高い機能や性能のよい住宅を取得できるようになるが、人々の生活上の利害の対立や協調する関係も生まれてくる。

各住戸にとっての外壁は、生活のために必要とされる屋内空間の形成上の主要な要素となっているが、近隣の人々にとっての各住戸の外壁は、街並み景観（ストリートスケープ）の主要な構成要素である。そのため欧米の都市では、個々の建築物の外観を変えようとするときや、組積造建築物の外壁を洗浄しようとする場合にも、都市の景観委員会の承認を得ることを義務付けている場合が多い。石造が黒ずんでくる場合、その原因は空気汚染だけではなく、石材の酸化によるものであるが、これらの黒色化に対して、清掃することは全面的に支持されている。しかし、レンガ建築の場合には、大気汚染によって、レンガ表面が汚れても、その洗浄は認められないことが多い。その汚れが歴史のある街並みという雰囲気をつくっているためといわれている。

住宅地が人々に愛され、帰属意識を抱くようになる条件として、人々の生活とともに馴染んだ街並みの景観がある。レンガ建築はこれまでの多くの都市で使われてきて、レンガという建材自体の優れた耐久性、耐候性、防耐火性、断熱性、蓄熱性、遮音性等々の建材の性格として、オールマイティと言われるほど優れているため、レンガ建築で造られた町もまた、優れた環境の町として、長い寿命を保ってきた。

しかし、レンガ建築が最も高い評価を獲得してきた理由は、その色調、テクスチュアのもつ自然で穏やかな柔らかい感触のためである。レンガ自体は、同じ粘土を使っても、焼成炉の温度や、炉内の場所などによって焼き上がった色や表情には、一定のバラツキがある。そのため、工場から搬出されたレンガを、取り出した順に積んでいくと、建物全体に焼成ムラの色の変化が出てしまう。レンガを積むときには、工場から搬出されたレンガを、現場や材料の取扱い場所で、複数のレンガの山積みをつくり、そこからできるだけ混合して取り出して使う必要がある。レンガ建築は、多様な色調のレンガを混合し、しかも統一した雰囲気を出すところが、面白さになっている。

ブリックボンド（レンガ積み）

レンガは、歴史的には単体としても必ずしも強度の強くないものを積み上げて、構造体をつくる材料であるため、構造安全を重視するために、様々な工夫がレンガ積みの技術（ブリックボンド）として開発された。それが現代に伝わっているイングリッシュボンドやフレミッシュボンド等の名前で呼ばれるものである。これらのレンガ積みだけでは、建築的強度が不足すると考えられた場合には、壁の隅角部には石積みを採用して補強するクオイン（隅積み）が使われた。

しかし、レンガの焼成温度が高くなるにつれて、非常に高強度なレンガが作られるようになっただけではなく、鉄筋コンクリート造や鉄骨造、木造等をレンガ造と併用することにより、レンガ自身に必ずしも構造耐力上の負担を求めなくてもよくなってきた。その結果、レンガは構造耐力以外の、他の建材にはない優れた効用をもった材料として使われるようになった。

レンガ建築デザインは、レンガの色や目地の形態や寸法のアンサンブルの美しさについて高い評価が与えられているが、歴史的に見て、レンガ建築に対する高いデザイン上の支持は、その構造自体のもつ美しさにある。レンガ自体が、構造材料として十分高い構造耐力がなかった時代に開発された多様なブリックボンドやクオイン（隅積み）の技術は、レンガ建築の重量の大きな構造の荷重や外力を、合理的に地盤に伝達し、構造的にもムダのない美しさを表している。

資産価値のある建築に、レンガ建築のデザインが大きく寄与することは、改めて言うまでもないが、それはレンガを使ったということで実現されるものではない。構造耐力を担うレンガではなく、もっぱら化粧材として自由にレンガを利用できるようになって、レンガ構造の建築物としては、明らかに合理性の欠いたデザインは、人々に不安な気持ちを与える。ブリックボンドは、その意味からも、レンガ建築デザインのベースとなるべきものである。

3——日本におけるレンガ建築の展開

セラピューティック煉瓦造住宅（ＢＨＳ）

ブリックボンド（レンガ積み）の主張を正統的に継承し、レンガ造を耐震性の高い構造体として実現したのが、科学技術振興事業団（ＪＳＴ）の戦略的基礎研究（ＣＲＥＳＴ）環境低負荷型社会システム「セラピューティック煉瓦造住宅システム（ＢＨＳ）」プロジェクトである

このプロジェクトのレンガ造は、レンガを使用するものの、それをモルタル等の目地でつなぐことをせず、個々のレンガにボルト孔とナット孔を設けて、ボルトとそれに直交する方向に水平補強プレートを設置して、それらによってレンガを締め付ける乾式工法によって一体の構造としている。

この国産の新規レンガ住宅システムは、一九七〇年にローマクラブが「成長の限界」でエネルギー資源の枯渇を警告したことに鑑み、サスティナブル（持続可能）な循環型経済社会における省エネルギーおよび資源の有効利用方策の一つとして提案されたものである。

ＢＨＳは、住宅によるエネルギー消費量を最小化することのできる建材として、蓄熱性の高いレンガに着目して、サスティナブルな住宅開発に取り組んだものである。この技術開発の基本方程式は、Ｔ＝Ｗ－Ｄで表される。この式で、Ｗは豊かさ（Welfare）、Ｄは環境負荷（Envirommental Damage）、Ｔは価値（Throughput）である。すなわち、あるレベルの豊かさ（Ｗ）を獲得するために生じる環境

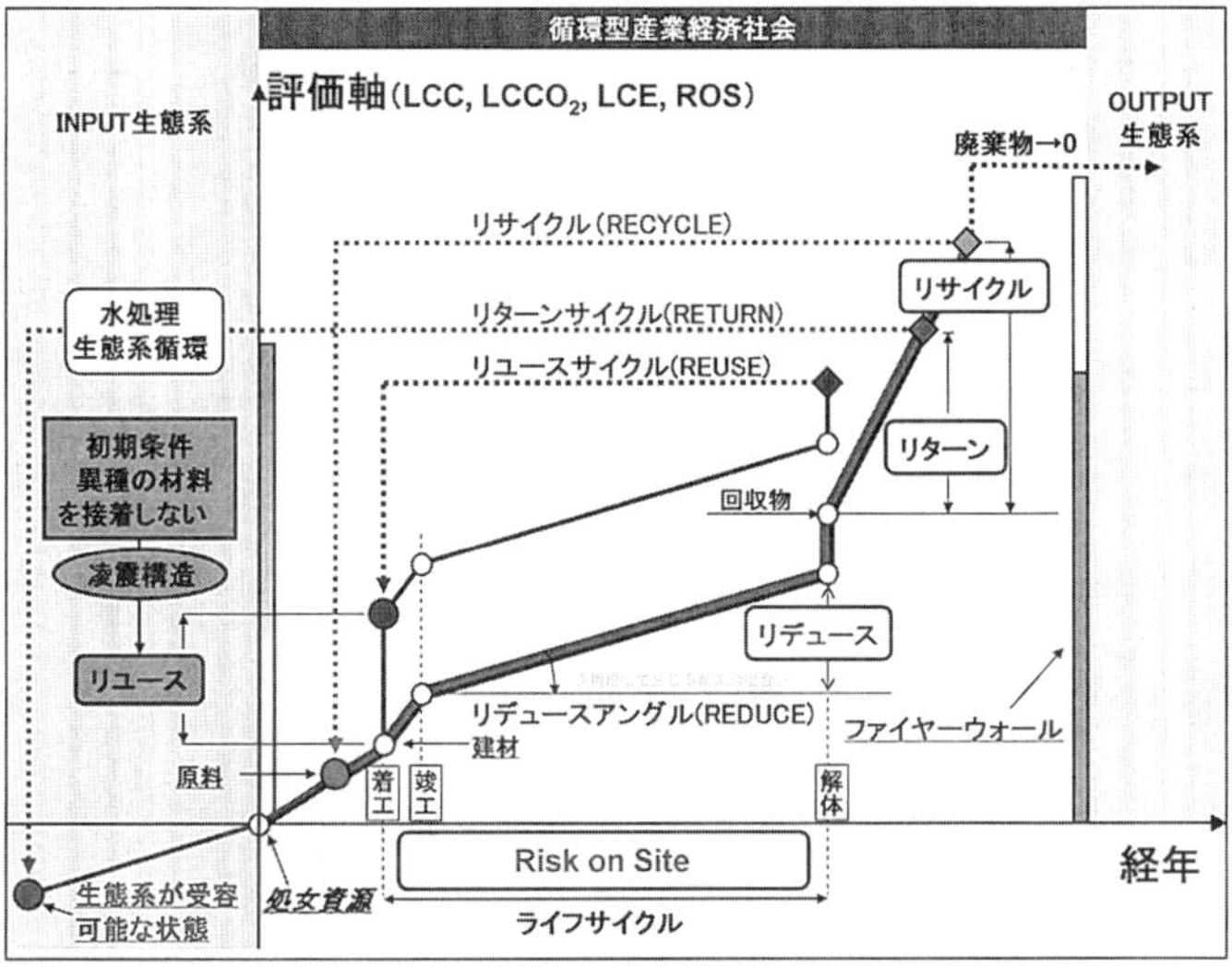

負荷（D）を差し引いたスループットが、実質的な価値（T）であるという概念の方程式で、豊かさ（W）を維持、あるいは増進しながら環境負荷（D）を最小にして、その価値（T）の最大化を図るものである。

コスト面から見たBHSプロジェクトは、オーストラリアなどで煉瓦住宅が取得時価格よりも、売却時価格が高くなるケースがあることに着目して、そのシステムを研究するとともに、次のような技術を開発して環境税あるいは炭素税に換算される部分のDを小さくしている。

①乾式工法を採用することで、解体や増改築にあたって、すべてのレンガを再利用する。

②外壁を積みレンガとし、内壁を木構造としてブリックベニア、内壁も積みレンガとしたフルブリックの間に断熱材を挟んだダブル中空層二重壁工法の採用とレンガの蓄熱性によって高気密

高断熱住宅よりも効果的なエネルギー消費低減を実現した。
③レンガの原料には石炭灰を用いており、産業廃棄物の再利用を実現した。
④石炭灰煉瓦は、その廃材を生態系に戻す場合、土になり負荷を増大させない。
レンガの耐火性と、それを用いたBHSの高い耐震性、および凹凸のある重量感は、人に安全と安心を与える。また、個性的でやすらぎ感を与えるレンガの色調やテクスチュアは、人々に豊かさを感じさせる。最近の脳科学が明らかにしつつある、情動身体系のプロセス、すなわち、外界からの情報は先ず「こころ」が動き、脳とからだがそれに従って働いて、結果として健康が得られるという作業仮説に根拠をおくもので、この住宅にセラピューティックという名が冠せられている理由は、このレンガ建築の豊かさこそがセラピーとしての効用を発揮していることによる。

BHSプロジェクトは、サスティナブルな建築とするため、過去の優れた建築に学び、基本的に高耐久性のあるレンガ建築という前提のうえに、クラシックでいつまでも美的に優れた建築デザインの建物として設計し、利用者の多様なニーズに柔軟に対応できる多機能をもつ空間デザインを採用し、かつ建築物の寿命よりも短い材料や設備機器の取り替えを容易にするとともに、全体を合理的で単純なシステムとして造ることによって、環境と柔軟な対話のできる循環型建築を実現している。このシステムで採用されているサスティナブルな内容のほとんどすべては、過去のレンガ建築として建てられ、リモデリングをされながら、人々に長く使われてきた優れた建築が実現してきたそのものであると考えられる。過去に造られた優れたレンガ建築を、BHSというまったく新しいシステムで実現したレンガ住宅システムである。

4―レンガによる外壁――スライスレンガ

歴史の成果としてのブリキットシステム

ブリックプロダクツトウキョウが取り組んでいるブリキットシステムは、長い歴史をもつレンガ工法の一種類である。

英国におけるレンガの歴史の中で、一六六六年のロンドン大火災の後、ロンドン市内での木造建築が禁止、または制限され、レンガ建築が急増した時代がある。国王はレンガに対して課税することで、税収の拡大を図った。そのときスライスレンガは、タイルの種類として課税を免れた歴史をもつ。

その後、レンガ自体の発達は、鉄筋コンクリート、無筋コンクリート、鉄骨造などのレンガ造に代替する構造の開発や、レンガの焼成温度や成型技術の開発によって、その使用される内容は、構造材料から化粧材料へと、重点が大きく変化してきた。そして現在、英国で最も一般的なレンガ造と呼ばれているものは、コンクリートブロック壁とレンガ壁を中空部を挟んで合せ壁として造るもので、レンガは化粧材としての性格を担うものになっている。米国やカナダのように、ツーバイフォー工法が広く普及した国や、オーストラリアのように、鉄骨（軽量鉄骨造）が広く普及した国においては、木造または鉄骨造に化粧積みレンガ（ブリックベニア）を表面に積む工法が広く普及している。

このように、レンガに求められる効用が、構造耐力以外の断熱、防耐火、遮音、防落、耐久性、耐候性などの諸性能と、色やテクスチュアといったデザイン要素になると、できるだけ軽量で施工生産性を高めるような材料として、レンガの改良が取り組まれるようになった。その結果、英国、米国、カナダ、オーストラリアなど多くのレンガ生産国では、厚さの薄いレンガが作られるようになった。

構造補強にもなるガルバニウム鋼板下地

その中で、ブリックプロダクツトウキョウが実施している「ブリキットシステム」と呼ばれるスライスレンガ工法は、構造躯体の上にガルバニウム鋼板によるスライスレンガのはめ込み下地を造り、そこにスライスレンガをはめ込み、モルタル目地仕上げをする工法である。この工法は、構造体の上に縦胴縁を固定して、その上に全面的にガルバニウム鋼板による下地を造るため、構造体との間に中空部分がつくられる。構造体が木造である場合には、良好な通気が確保されるため、構造体の耐久性、防腐性、防落性能を高めるだけではなく、ガルバニウム鋼板で造られる下地が、建築物自体の耐震・耐風構造性能を高めることになる。スライスレンガは、ガルバニウム鋼板により物理的に構造的に支持されるため、脱落の不安はまったくなく、かつ、その仕上がりはフルサイズのレンガ積みと同じデザインをつくることができる。しかも、レンガは設置後に膨張するが、目地は逆に収縮し、レンガと

ガルバニウム鋼板にはめ込まれるスライスレンガ（工事中と完成例）

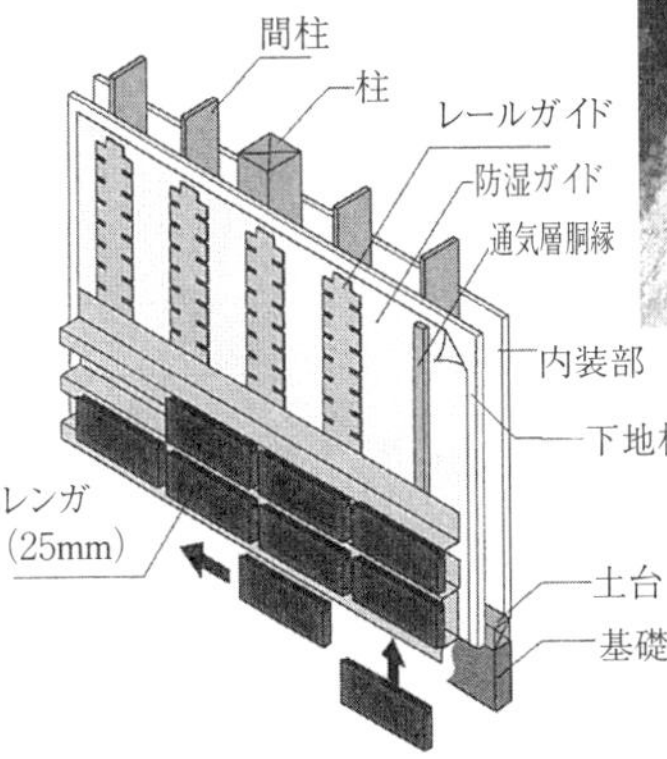

モルタル、ガルバニウム鋼板とモルタルとの付着力が高いため、一体的な外壁をつくるという優れた工法である。

レンガシステムは多種多様な色調やテクスチュアのものを自由に選べるだけではなく、モルタルによる目地仕上げも、フルブリックでの様々な形状や顔料の混合ができるため、伝統的な優れたレンガ建築のデザインを再現することが容易である。

この工法は、ガルバニウム鋼板のレールを、規制の定規縁を取り付けて施工することで、正確に迅速な工事をすることができ、高い生産性をあげられることが大きな特色である。スライスブリック自体の重量は、他の窯業系建材同様、肉薄であるため軽量で、取扱いが簡単であるだけではなく、個々のスライスブリックは、レンガ固有の優れた性能をすべて具備しているため、フルブリックの建築物と比較して、全体としてさらに優れた性能をもつ建築物を可能にしている。

5 — コンクリート化粧材としてのグランドコンクリート

住宅地のミクロ環境

神戸ガーデンハウスが、クランドコンクリートの名前で取り組んでいるコンクリート舗装化粧工法は、レンガの文化の担い手として、ランドスケープとしての外構工事を大きく変革させようとしている。

メルボルン、シドニー、ブリスベン、パースなどオーストラリアで古くから拓けた町は、英国の建築文化がそのままそこに住む人々のアイデンティティを表現するものとして、息づいている。これらの歴史のある町も、都市成長によって、巨大なインフラストラクチャーと大規模建築物が出現し、都市のデザインもインターナショナライズしている。しかし、そのような中にあって、その文化的アイデンティティの主張として、レンガのデザインを積極的に採り入れる努力がなされてきた。

戦後の経済成長と、自動車交通の飛躍的発展により、都市から徒歩の空間が失われ、自動車による生活空間に急変していったが、現在は、人々が自由時間を獲得することで、再びヒューマンスケールによる徒歩での生活空間への回帰が強くなっている。住宅単体がハイウェイに連絡しているという車社会の住宅地では、わずかな買い物をするにも、自動車に乗ってショッピングセンターに出掛けなければならない生活であり、車が日常生活の足になる以前の徒歩圏の生活と比較して、いかに味気のない貧しいものであるか、人々は認識し始めている。

日本においては、米国やオーストラリアには見られないような戸建住宅地にアパートやマンションが混在して建設されてきた。その結果、都市密度は異常に高まりながら、空間密度と、住宅地に対する帰属意識の相違する土地利用とが混在するため、社会的関係はバラバラにさせられている。そのため、住宅地をミクロ環境としてまとめて計画し、管理することができなくなっている。これは、戸建住宅地であっても、それらがいつアパートやマンション地に変更されるか予測がつかず、一層不安定な環境になっている。

日本では高地価時代が半世紀以上続いたため、住宅地の敷地を法定建ぺい率、容積率いっぱいに利用して、敷地に対する斜線制限による形態規制いっぱいの建物をつくることが追求されてきた。しかも、建築物やデザインに対する規制や、設計指針も存在しない状態で、個々の建築主が、それぞれの恣意による建築を造ってきたため、都市全体としての空間デザインは矛盾対立した無政府状態になり、都市を一層混迷に導いてきた。このような状況を改善するためには、各住宅敷地の枠を越えた街並みや街区を単位として、個性をもった審美的に優れたデザインをつくる必要がある。そのためには、全体としての調和を保ち、各住宅のもつ良さが、相乗効果を発揮できるルールが必要である。

ストリートスケープとコンクリート舗装のレンガ化粧

街並み景観（ストリートスケープ）にとって重要な要素は、沿道に連坦して建てられる住宅の建築的デザインと並んで、道路と各建築物との間の壁面後退（セットバック）を共通のルールとして定めることと、前庭（フロントヤード）の空間利用への植栽、舗装、車庫やポーチの設置についてのルールを定めることである。また、各敷地の前面道路は、それ自体、幅員の大きさと植栽によってストリートスケープを決定するうえできわめて大きな比率を占めている。

オーストラリアの各地では、このストリートスケープの構成要素である道路、フロントヤードに造られる歩道や車庫までのアプローチのための舗装に、これまで使われてきたコンクリートやアスファルトが、視覚的にストリートスケープを貧しくするだけではなく、太陽の照り返しなど環境上悪い影響をもつことから、環境上の対応が検討されていた。

レンガや石を使って舗装された住宅地は、コンクリート舗装に比べて、はるかに美的にも、環境的にも優れているが、建設コストが高くなり過ぎて、一般的に使用することは難しい。そのうえ、フレキシブルジョイント（砂地盤に並べて置く工法）を使って舗装した場合、雑草対策などのための維持管理費用も掛かることから、レンガや石による舗装の採用には経済的な障害が大きすぎる。

このような状況に対処する方法として、コンクリート舗装表面を化粧することで、色彩およびテクスチュアとしては、レンガや石と同じ審美的効果を発揮し、かつ太陽光の反射を抑え、褪色や使用上の劣化や磨耗の程度の著しく低い材料・工法が低価格で実現できることになった。この技術は米国で開発され、その後、紫外線の強いオーストラリアで改良され、世界中で広く使われるようになった。その結果、オーストラリアでは、一般個人住宅のコンクリート舗装や公共的空間の舗装の化粧として広く用いられるようになっている。これが、神戸ガーデンハウスが取り組んでいるグランドコンクリートである。

その結果、住宅地の場合には、レンガ化粧外壁（ブリックベニア）と、その前提部分のコンクリートのレンガデザイン化粧の舗装部分とが一体となって、美しいレンガ景観の環境をつくり、それらの住宅地が連坦することで、街並み全体として落ち着いた空間ができあがる。褐色、黄褐色、赤色など赤系統のレンガの色調は、植栽や芝の緑と調和して、街並み全体を美しく演出している。

また、これまでコンクリートで造られた広場は、レンガや石のデザインの空間に変化することで、これまで悩みの種とされていたコンクリート表面の薄汚れや清掃などの困難な管理問題を一挙に解決し、ほとんどメンテナンスフリーの状態で、美しい空間を維持管理することが可能になった。このコンクリートに対する化粧被覆は、通常の自動車の走行に対して、高い耐久性と非褪色性をもち、かつ路盤の破損に対しても簡易に修復することができるという特性をもっている。

コンクリートに対するレンガや石のデザイン被覆舗装は、開発されてからすでに二〇年近い歴史をもち、広く使われてきたが、近年になって環境問題の重視と、人々の歩行空間を、文化的に豊かに演出する社会的要請に応えて、その使用する範囲や応用の場面も急速に拡大している。経年するにともない汚れのひどくなるコンクリートを美的に守るためにも、必要な対策と考えられるようになっている。

グランドコンクリート

レンガや石のデザインでコンクリートを化粧被覆する神戸ガーデンハウスによるグランドコンクリートは、外構のデザイン全体の重要な担い手になるものであるが、その効力を最大に発揮するためには、正しい外構のデザインに基づいて設計施工されなければならない。外構のデザインは、まず、ストリートスケープ全体として、連担する街並みの広い空間のデザインが必要である。道路を挟んで向こう三軒両隣でつくられる六戸以上の住宅環境は、道路延長で五〇メートル程度以上の環境をつくるため、ヒューマンスケールから見た場合、それだけまとまれば、周辺環境が変化しても、それだけで環境を自衛することも可能である。

道路面の舗装にあわせて、側道や敷地内のアプローチや車導入路などの舗装を、ある色の範囲の中から、各住戸の嗜好にあった色やデザインのパターンを選んでも、全体として調和のとれた屋外環境をつくることができる。

コンクリート下地完成状態

化粧材を押さえる

ステンシル（型紙）の設置

ステンシル（型紙）を外す

化粧材の散布後の状態

完成した仕上げ

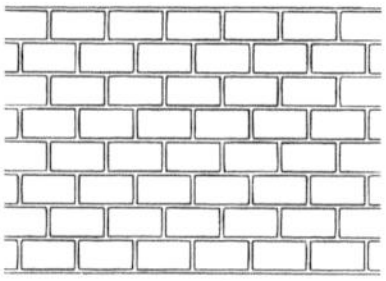
ランニングボンド

フェイスブリック

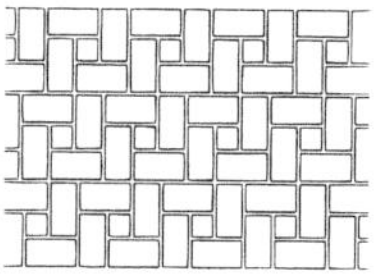
ヘリティッジウィーブ

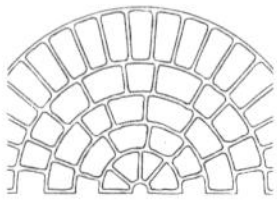
コブルローゼット

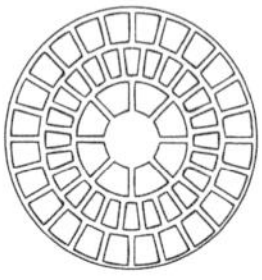
ローゼット

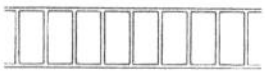
ヘッダーコース

コブルヘッダー

グランドコンクリートによる化粧被覆舗装のデザインは、目地部分をステンシル（型紙）でのデザインと、そのステンシルの組合せを含んだ多様なデザインの中から、自らの嗜好にあったものを選択することができる。このステンシルによってつくられる多様なデザインそれ自体に、文化的なデザインの伝統が伝承されている。また、グランドコンクリートでは、ステンシルのクラシックなデザインパターンとは別に、その色についても非常に広い範囲から選択できるだけではなく、それらの色を混合して、まったく独自の色を調合することも可能である。

グランドコンクリートは、コンクリートの舗装面に対して行われるが、その部分に隣接して、建築物、植栽、池や工作物、サインなどを、全体としてデザインすることが求められている。

日本のように、四季の変化によって様々な花木や草花の楽しめるところでは、居住者がその生活の中でこれらの園芸を楽しむことも、これからの住生活を豊かにするために重要なことである。向こう三軒両隣の住宅が、それぞれの趣向を生かして、お互いで定めたルールに従って、前庭での造園を競うことによって、相乗効果として美しいストリートスケープをつくることができる。このようなストリートスケープを、帯として繋いでいくものが、道路や歩道の舗装や、前庭のコンクリートに対する化粧である。

米国では、分譲住宅開発業者が、その開発事業の条件として、建物後退を含む前庭および建築を主たる対象にしてアーキテクチュラルガイドラインを設定し、その中でコンクリートの化粧についても取り決めることで美しいストリートスケープをつくりあげている。

7章　既存住宅の資産化

1――既存住宅の状況

既存住宅ストックの状況にみる特徴

わが国の住宅ストックの建築時期別状況をみるときには、新耐震基準が導入された一九八〇年（昭和五五年）をバロメーターに評価することが多い。これに従えば、最も多い持ち家戸建住宅の半数、公共賃貸住宅の約三分の二が新耐震基準以前の住宅であり、既存住宅の更新・再生の必要性が言われている。確かに、わが国は戦後の住宅不足やその後の急速な人口増加と人口の都市集中に対し、公共住宅や公庫融資の充実により、精力的に住宅建設を進めてきた。この間、併わせて様々な技術開発が取り組まれ、急速な技術の向上や居住水準の向上を実現してきた。このため、「新しい住宅は古い住宅より常に機能や質が高い」状況を生み出してきた。このことが現在でも幻想となり、一九八〇年の新耐震基準に縛られて、古い住宅の価値を認めにくい総合評価に繋がっているようにみえる。

しかし、世界の状況は必ずしも同様ではない。わが国の住宅は、一九五〇年以前の住宅が五パーセントに満たないのに対し、欧米諸国の住宅ストックは、その三〜四割が、一九五〇年以前の古くから存続している住宅ストックである。「木と紙と草」による日本の伝統的・支配的な建築が、機能本位の鉄筋コンクリートに建て替えられたのに対し、欧米の多くの建築は、「石、鉄、コンクリート」による伝統的建築様式によるデザインによって造られ、それが街並みのデザインの担い手になっているという違いは大きい。

現在、わが国もストック型社会に入り、社会資産としての住宅のあり方を問い直す時期に来ている。寿命の短い住宅は、資源の浪費と環境破壊の一因でもあり、既存住宅のストックの的確な状況把握が一層重要になっている。

きわめて少ない既存住宅の流通

既存住宅の流通量は、米国で新設着工戸数の約三倍程度であるのに対し、日本においては、新設着工戸数の一割程度に過ぎない。すなわち、わが国の既存住宅の流通市場規模が、住宅ストック総量の〇・三パーセントに過ぎず、住み替え回数も米国に比べ少ない。したがって、既存住宅への住み替え循環が、ライフサイクルの転換に応じた居住状況の改善のツールになり得ていない。

このことは、必ずしも日本人の住み替えに関する住居観のみに起因するものではなく、むしろ、既存住宅の不動産の評価のしかたにこそ大きな要因がありそうである。

現在の市場では、既存住宅を市場で売却して住み替えていく経済合理性にきわめて乏しい。現実に

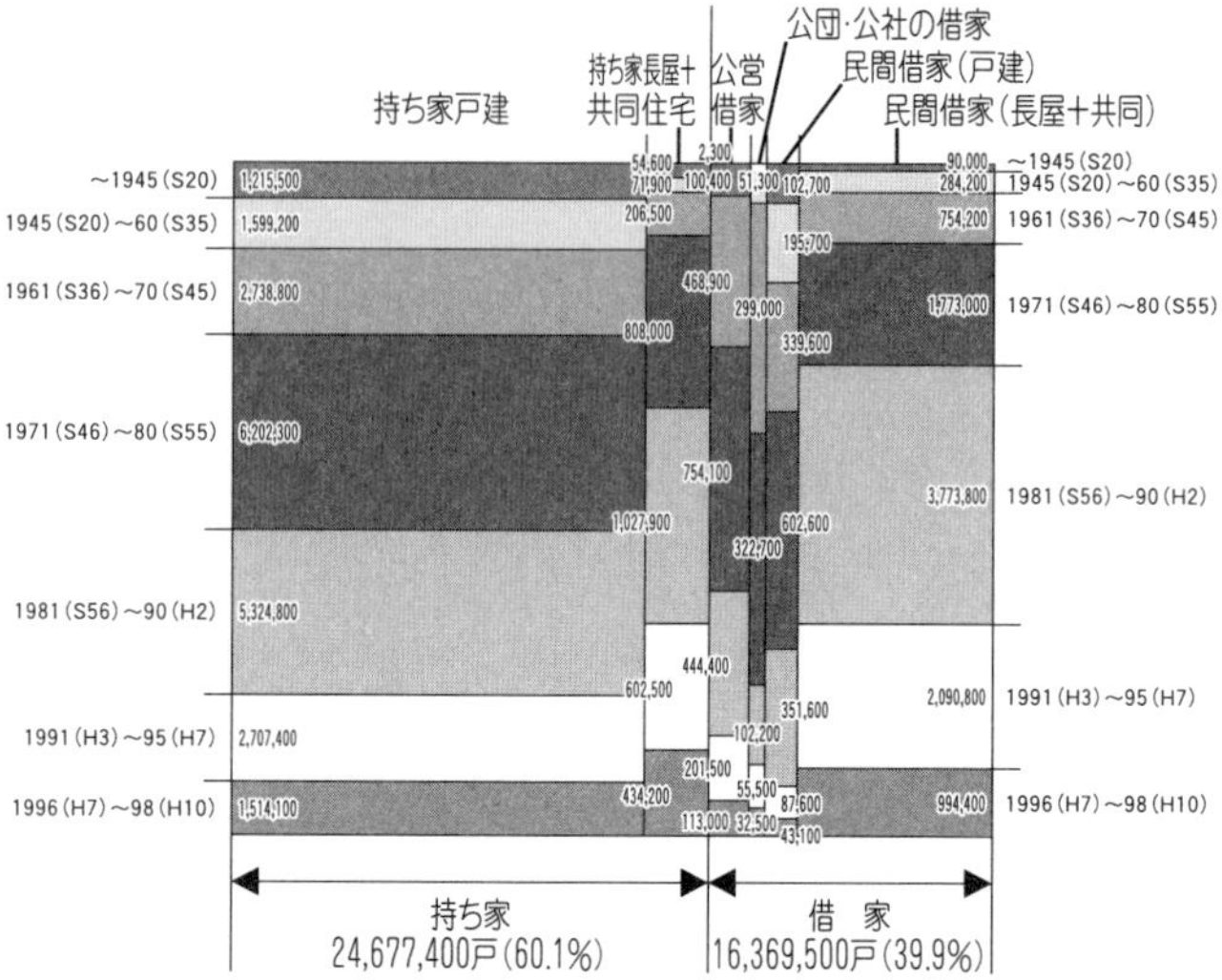
公団·公社の借家
民間借家(戸建)
民間借家(長屋+共同)
持ち家戸建
持ち家長屋+共同住宅
公営借家
〜1945(S20)
1945(S20)〜60(S35)
1961(S36)〜70(S45)
1971(S46)〜80(S55)
1981(S56)〜90(H2)
1991(H3)〜95(H7)
1996(H7)〜98(H10)
1,215,500
1,599,200
2,738,800
6,202,300
5,324,800
2,707,400
1,514,100
54,600
71,900
206,500
808,000
1,027,900
602,500
434,200
2,300
100,400
468,900
754,100
444,400
201,500
113,000
51,300
299,000
322,700
102,200
55,500
32,500
102,700
195,700
339,600
602,600
351,600
87,600
43,100
90,000
284,200
754,200
1,773,000
3,773,800
2,090,800
994,400
持ち家
24,677,400戸(60.1%)
借家
16,369,500戸(39.9%)
建築時期別ストック

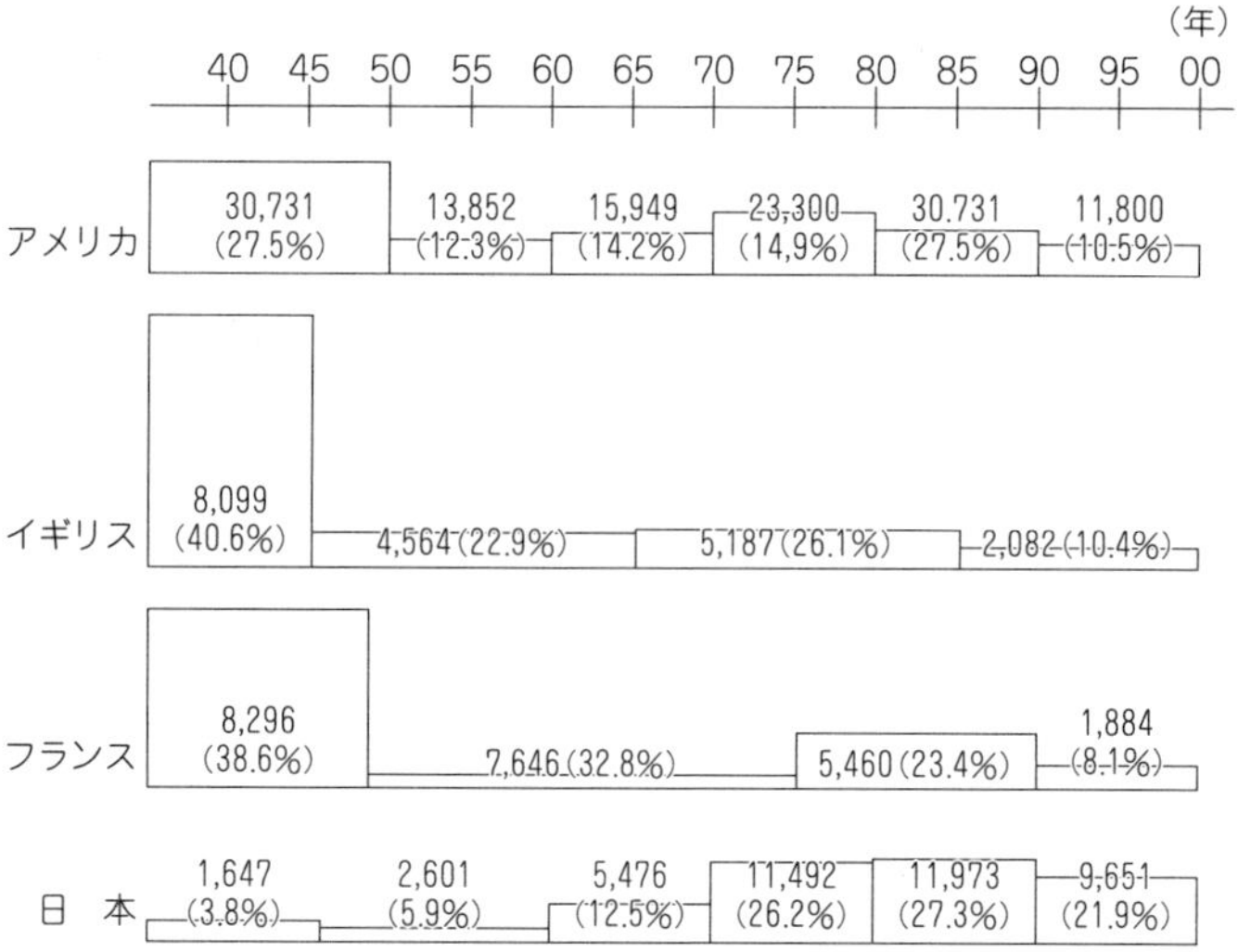
(年)
40 45 50 55 60 65 70 75 80 85 90 95 00
アメリカ
30,731 (27.5%)
13,852 (12.3%)
15,949 (14.2%)
23,300 (14,9%)
30.731 (27.5%)
11,800 (10.5%)
イギリス
8,099 (40.6%)
4,564 (22.9%)
5,187 (26.1%)
2,082 (10.4%)
フランス
8,296 (38.6%)
7,646 (32.8%)
5,460 (23.4%)
1,884 (8.1%)
日本
1,647 (3.8%)
2,601 (5.9%)
5,476 (12.5%)
11,492 (26.2%)
11,973 (27.3%)
9,651 (21.9%)
各国の建築時期別住宅ストック

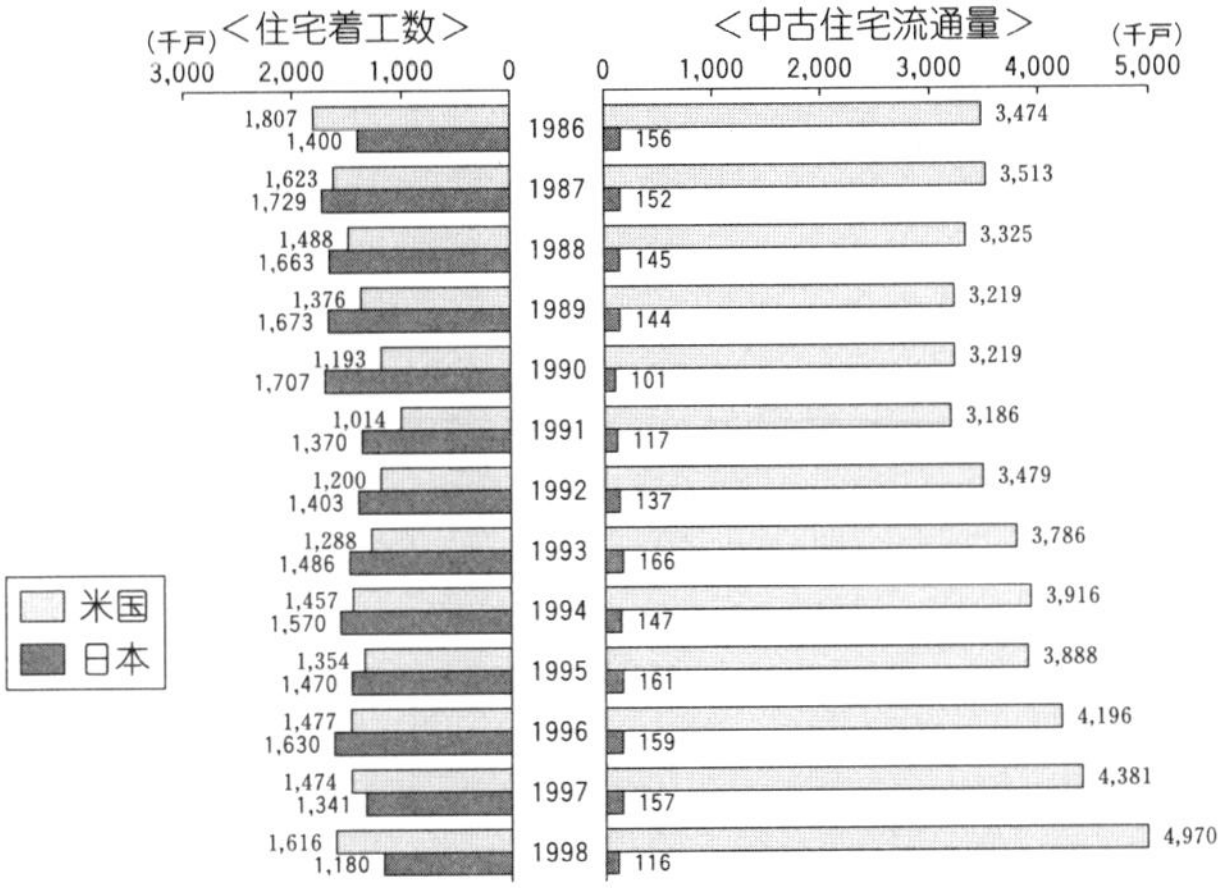

住宅着工数および中古住宅流通量の日米比較

資料:建築統計年報(国土交通省)、住宅·土地統計調査(総務省)
Construction Review, Statistical Abstrsct of the United Statets 1999

中古住宅流通市場規模の国際比較

	住宅ストックの戸数(a)(千戸)	流通量(b)	(b)／(a)×100
アメリカ (1995)	106,403	3,802 *1	3.6%
イギリス (1991)	19,725	1,225	6.2%
日　本 (1997)	50,246	157 *2	0.3%

*1　中古住宅の成約件数　　*2　1997年に持家として取得された中古住宅で居住世帯のある住宅数

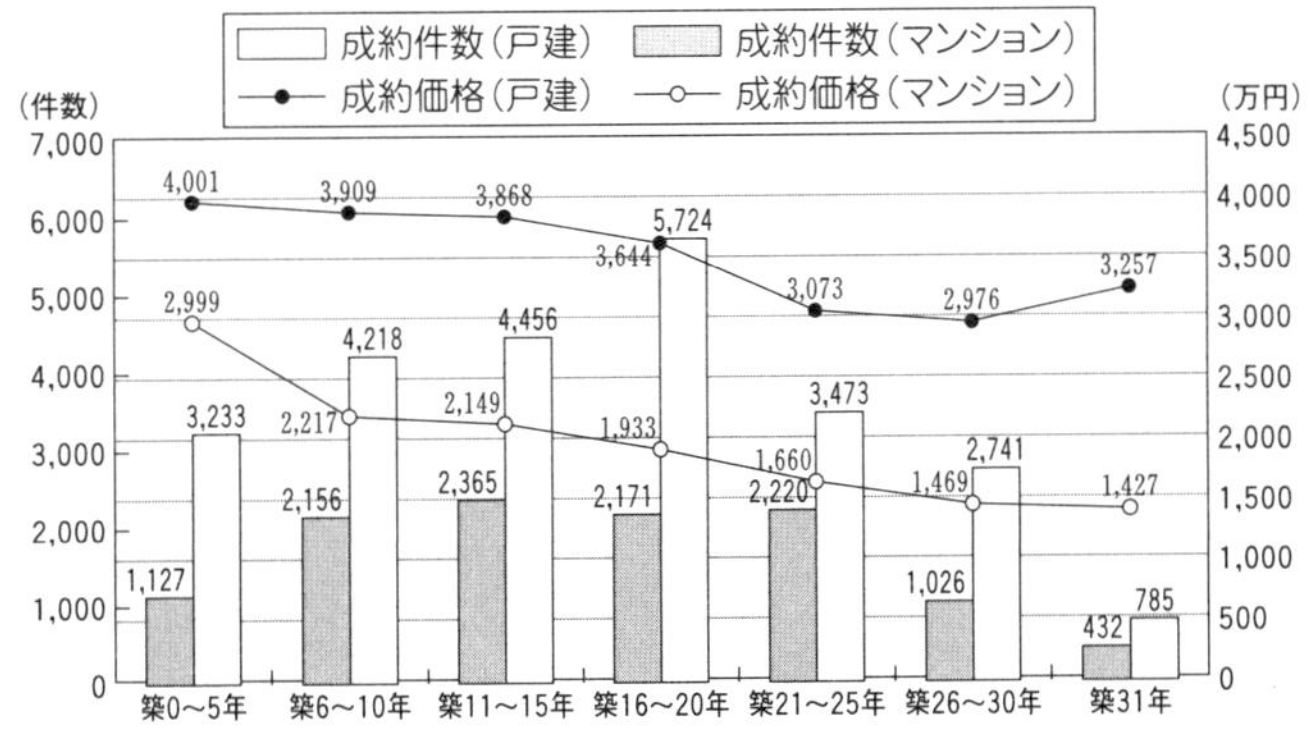

中古戸建住宅の築年別平均成約数·成約価格

取引きされている既存住宅の成約価格をみると、古い住宅ほど安くなる傾向が顕著にみられ、既存住宅の取引きのガイドラインとなる「価格査定マニュアル」においても、一〇年経過で〇・五五、二〇年経過で〇・一に下落するなど、住宅を減価償却する仮定の下で、経過年数による大きな残存価値をもって現価率が設定されている。

これらの様々な状況が相まって、現実の既存住宅の流通を抑制しているといえる。

求められる公共賃貸住宅の再生

こうした中、既存住宅の更新・再生が比較的進んでいるのが公共賃貸住宅である。

公共賃貸住宅は、戦後の住宅不況への対応や住宅の質の向上を目指し、一九六〇年頃から低所得層・中堅所得層向けの集合住宅として、着実にストック量を積み上げてきた。現在、公共賃貸住宅ストックは、約三〇〇万戸となり、その過半が耐用年数の二分の一を経過した状態である。これらの多くは、鉄筋コンクリート造の耐火建築物である。

公共賃貸住宅の多くは、①狭い面積、②貧しい設備、③防露・断熱性のない住宅、④エレベーターがなく、生活上不便のうえ、リモデリングや引越しコストが高くなる住棟、⑤住棟のデザインの貧しさなど、社会的に現代の生活に対応した効用を失っており、それらを更新・再生して、より長期に建築物を活用する技術が求められている。

これらの技術はその後、一九八〇年以降に大量に供給される分譲マンションや、民間賃貸住宅の長期維持にとって必要とされる技術である。その意味で、公共賃貸住宅の更新・再生技術は、既存住宅の使用価値を改善することによって、市場における価値評価を高め、ストック型社会の既存住宅市場と、社会資産としての住宅のあり方を変えていく取組みとして重要である。

2——資産化の意味と実状

市場の評価と矛盾

既存住宅の更新・再生を進める最も大きな環境条件は、既存住宅に対する適正な流通市場の整備である。既存住宅の価値評価理論は、本来、非償却資産であるべき住宅に、償却理論を使って、経過年数に応じた現価率で経年による大きな資産減価評価をしている。減価償却は会計法上の評価方法であるが、あえて住宅の市場価格の評価手法に採り入れられることで既存住宅の市場評価を大きく歪めている。

また、「住宅の品質確保の促進等に関する法律」による住宅性能表示制度は、住宅性能という使用価値（効用）を評価するもので、住宅の品質全体を市場取引きの視点で経済的価値を評価するものではない。このため、既存住宅の評価は、依然経過年数を柱に原始的なシステムが横行している。

一方で、急速に変化する社会状況や市場環境の中で、供給者や行政の視点からの環境負荷への配慮や、持続・継続する社会資産、生活価値・文化への評価が話題になっているが、消費者の視点から見る資産としての価値評価の取組みは鈍い。確実に訪れている「ストック型社会」では、従来型の市場評価システムが破綻していくことは明白である。

都市・地域再生のモチベーションとしての資産化

われわれが現在直面している最も大きな課題の一つが、都市・地域の活性化と再生である。市場状況を背景に、現代社会状況に相応しい都市・地域の活性化と再生を目指して、市場の評価システムを構築することが一層重要である。

時代はストック重視・市場重視に大きく傾き、地域の環境や地域社会の活力と魅力を実現する担い手は、官から民にシフトし、地域政策や居住改善政策にも民間の力が求められている。

このような方向の中、民間が既存の建物や土地を活用した様々なビジネスチャンスが想定される。この推進力となるのが、既存住宅や既存土地の「資産化」のビジネスである。民間の事業参入や政策参画を求めるためには、既存住宅や土地に関する更新・再生事業が、資産増による価値向上を生み、このことが事業の拡大や事業性の向上に繋がる必要がある。また、公益事業の参画は、民間に大きな事業意欲をかき立てることにもなる。このための事業環境の最も大きな要素が、既存住宅等の市場価値評価であり、資産価値の適正な評価システムである。すなわち、今後の都市再生・地域再生においては、このような事業モチベーションを高める仕組みが重要となる。その現実的な市場意識の改革に向けて、既存住宅の適正な「資産化評価」の大きな意味がある。

実態としての既存住宅の市場評価は、厳しい状況が厳然として存在し、市場環境が事業を規制している。現実には、既存住宅の資産増加に繋がる要素は、「リモデリング」や「持続的環境維持の取組み」等でさほど多くない。今後、生活環境の改善には、既存ストックを資産として扱う必要に刺激されて、町や街並み改良を単位として、様々な事業の挑戦や積み重ねが市場状況を変えていくようにならざるを得ない。そのときに向けて、欧米の不動産鑑定評価（アプレイザル）の技術について研究しておかなければならない。

3 ― 資産化に役立てるリモデリング

公共住宅ストック再生の動向

公共住宅は、二〇〇〇年の「公共住宅ストック総合活用計画」によって、ストックの総合的・効率的な活用を計画的に実施していくこととなった。この計画は、各地方公共団体等が公共住宅の適正な整備と管理を図るための計画で、これに基づき計画的に建て替えや改善等を実施していくこととしている。ストック活用計画の重要性は、一九六〇～七〇年代における中層耐火造の多さを論拠にしている。わが国の公共住宅は、一九六〇～七〇年代に、都市部を中心に大量供給され、現ストック総量の約半数を占めている。これら一九六〇～七〇年代のストックは住宅の規模、設備の陳腐化、耐震性の課題、エレベーター等のバリアフリーの問題を抱え、供用開始後の公共住宅の居住水準の向上、構造・設備の老朽化への対応、公共住宅敷地の有効利用、円滑なストックの更新等が求められている。これらの状況に対応すべく、使用できるストックの活用手法の幅を広げ、更新事業量を時期的に平準化する計画的プログラムによって、各地で公共住宅の更新が推進されてきた。

しかし、行財政改革の流れの中で、公共事業は縮減対象とされ、プログラムを大幅に遅延させている。公共住宅事業にも事業性が求められ、公共事業のＰＦＩ導入の検討や民間活用が、時代の要請でもある。このための事業検討においても、既存住宅の資産評価の改善は「資産化」を目指す事業の推進に、今や不可欠となっている。特に、公共住宅団地の「団地再生」は、都市構造や社会構造の変容を踏まえ、団地を核とした地域社会の再生と活性化を目指すものである。ライフスタイルの変化に対応した団地の機能と性能の再構築、再編を進めるべき、様々な事業手法や管理手法を活用し、住民や事業主体等と協働で既存資産を維持・向上する取組みによって、再生・活性化を進めていく必要がある。

資産価値増につながるリモデリング

過去の事例を見ると、資産価値増につながるリモデリングは、おおむね次のように整理される。

①増築、二住戸の一住戸化 ―― 住戸面積の拡大
②住棟外断熱工事 ―― エネルギー対策
③住棟玄関回りの充実 ―― 個性化、セキュリティ等
④共用部コミュニティ施設の充実 ―― 一階の施設利用等
⑤ユーティリティの向上 ―― 電気・ガス・上下水・CATV・ITの新設容量増大等
⑥ファサードの改善 ―― 住宅のデザインの改善、外観の化粧やバルコニーの増設等
⑦アクセスの改善 ―― エレベーターの設置、アクセス方式の変更等
⑧住戸内改善 ―― ライフスタイルの変化対応で浴室・台所の改善
⑨バリアフリー改善 ―― 身障者・高齢者への対応（ユニバーサルデザイン）
⑩専用庭の設置 ―― 一階の専用庭、屋上緑化、バルコニーのプランター

これらのリモデリングは、既存住宅の従来機能の回復、向上として行われる。現実の市場評価は、必ずしも機能の向上のみによって評価されるものではない。既存住宅の資産劣化は、都市構造・社会構造の変化の中で、硬直的な団地や住棟および住戸のシステムが対応できず、現在のライフスタイルやこれにともなう様々なニーズに対応できなくなるためである。市場の価値は、需要と供給の関係に

1 階専用庭の設置

バルコニー設置による
ファサードの変化

住棟共用玄関回りの充実

階段室住棟への EV 設置
片廊下型改修

よって規定されている。したがって、居住者のニーズに柔軟に対応できるように、リモデリングビジネスとして捉えていくことが、現代の居住像やニーズに応える機能や空間への再生の重要な視点である。

土地の高度利用に役立つリモデリング

一九六〇〜七〇年代の多くの公共住宅は、物理的劣化はさほどではなくても、現在から見るとかなり低密度に建てられているものもみられ、これまでその対策として、建て替えによる高度利用が指向されてきた。しかし、スクラップアンドビルドの考え方自体が財政的に破綻し、全面的見直しを迫られている。こうした状況に対し、既存の躯体フレームの活用や、土地の余剰容積を活用したリモデリングが、事業的にも有効な手法として考えられる。

公共住宅は中層低密度であるので、既存部分の生活要求に応えて、現在の住棟全体の外に構造全体を覆い尽くす架構を増築することで、既存構造の耐久性の増進、床面積の拡大、断熱・防露・遮音性能の向上、ユーティリティの向上と同時に構造補強、エレベーターの設置を行う。その際、その工事に必要な工事費を上層階の増床の処分によって生み出す方法である。公共住宅団地の場合は、空家を利用して暫定居住など、リモデリング工事全体のコストを安くすることも可能である。

このような公共住宅団地のリモデリングによる資産形成事業は、公共事業主体によらなくても、民間事業者が民間資金によって可能である。つまり、既存住棟の共用部の改修・改善（アクセスの変更等）とともに増築を民間業者がすべて行い、新たに生み出された増床の価値増加分またはその売却益で、公共住宅部分の改修費用および共用部使用との相殺を実現する。

　このことは、公共事業主体にとってみれば、
・公共は費用を負担しないで、現代の生活要求に応えたリモデリング（エレベーター設置等）が可能になる。
・住棟全体として優れたデザインの住棟に蘇生することができる。
・民間事業者と連携することで、多様な住宅の混合ができる。
　一方、民間事業者にとっては、
・民間業者はリモデリングの巨大な潜在需要が顕在化することで、住宅産業全体が活性化する。
・既存住棟の上部増床部分に新たに住宅を供給することができるこのシステムは、公共分譲住宅のリモデリングとして新たなビジネスとなる。
　ただし、現実には、これらのリモデリングには、依然として種々の関連法規制、公有財産の扱い等の検討すべき課題が多いことも事実である。しかし、公共住宅を取り巻く環境は大きく変わりつつあり、ストック重視の社会システムに大きく変わろうとしている今、「民」の意欲を駆り立てるための市場の再構築と「資産化」に向け、既成概念にとらわれないドラスティックな再生こそが求められている。

部品名　：HC（Hung　Corridor）システム（階段室型住棟再生技術）

HC システムのイメージ

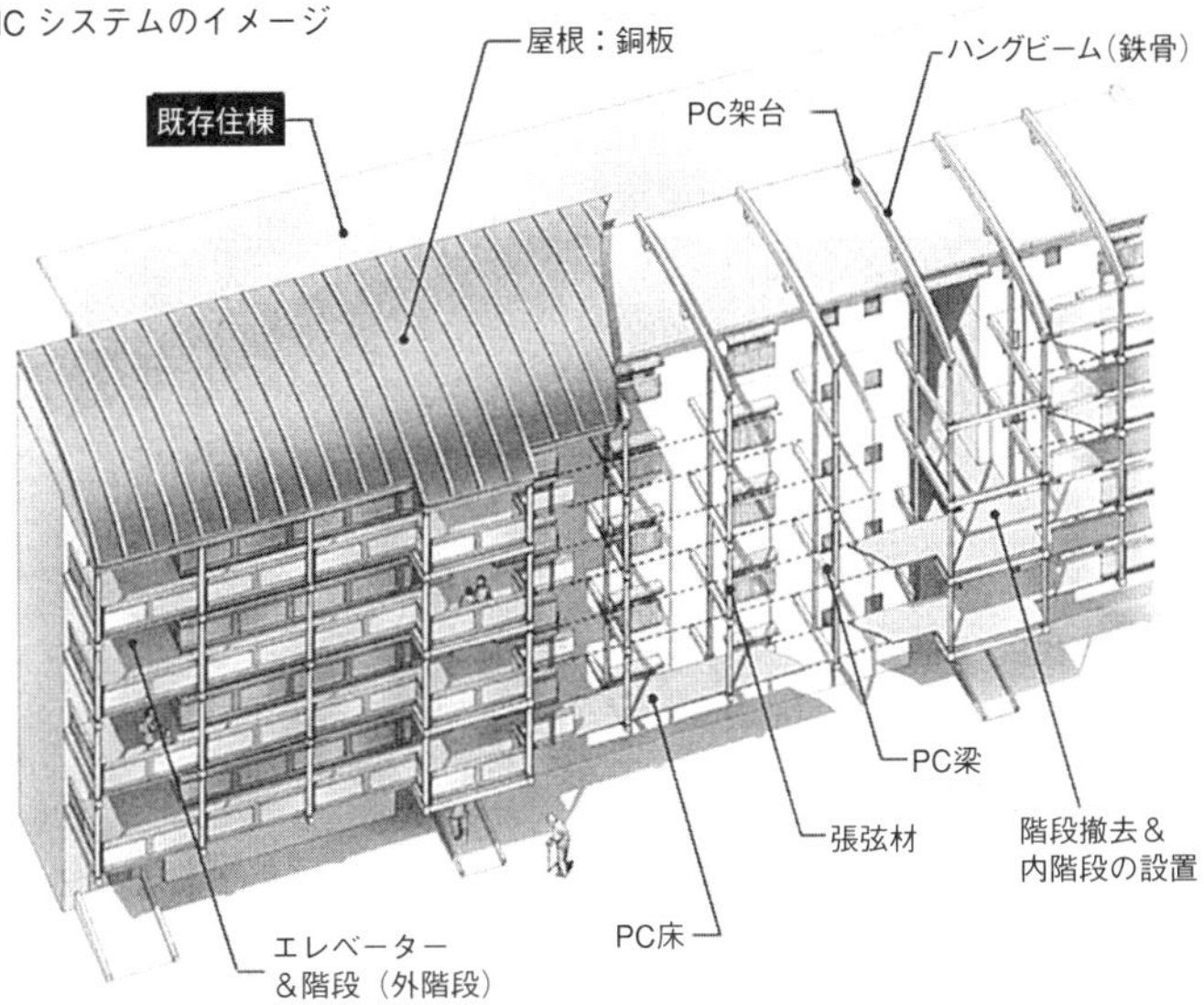

吊り廊下型住棟再生の提案例

＜事業のイメージ図＞

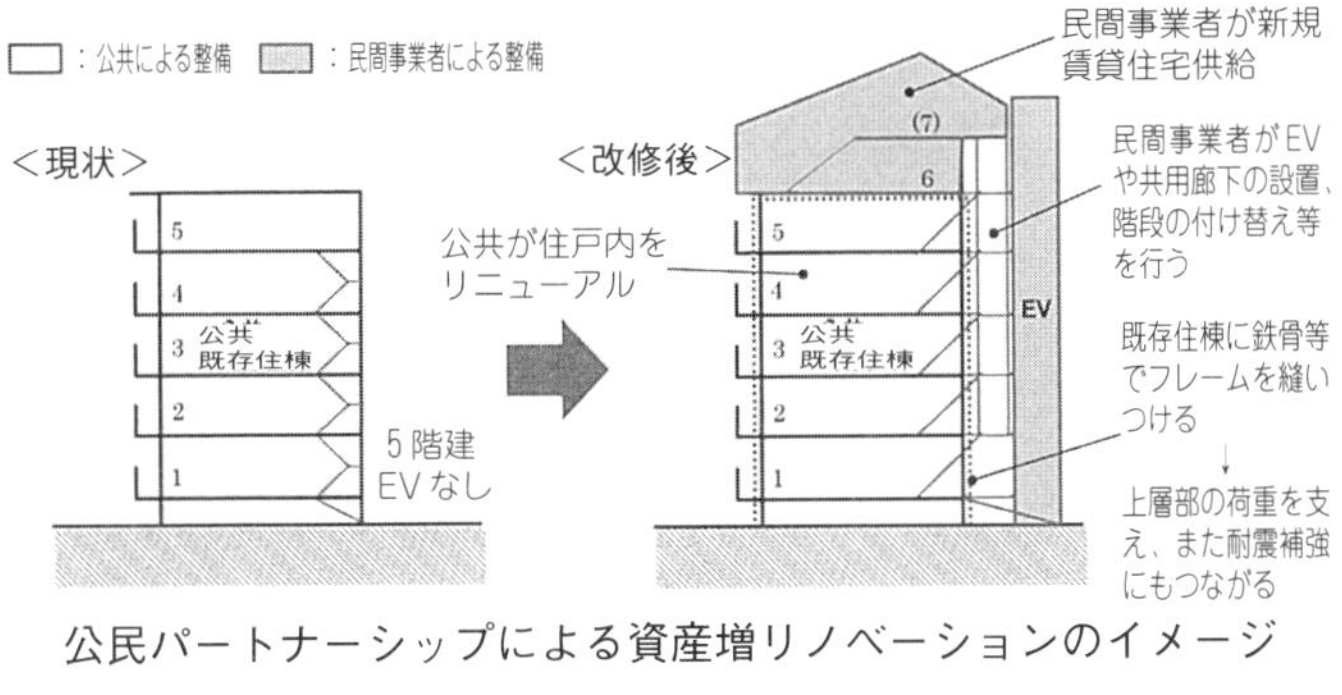

公民パートナーシップによる資産増リノベーションのイメージ

住棟の上部増築による
リニューアル

従前の住棟

4 — 宅地の管理と資産化

資産価値維持における住環境マネジメントの重要性

既存住宅自体だけでなく、住宅地にも焦点を当てれば、もう一つの資産価値増の要素として重要なのが「管理状況」である。

わが国の住宅地の資産価値は、土地の価値が唯一確実な価値とされ、これが大きなウエートを占めてきた。日本では私的財産権が強く、特に所有権は、絶対無比の権利として認識されている。わが国にも、良好な住環境を備えた住宅地の形成が、古くから様々に行われてきた。しかし、これらの住宅地の環境は、環境管理主体が不在であったため、個人の私権の行使に対して対抗力をもたないまま、持続的には継承されなかった。このことが、市場で良好な環境が維持されない状況をつくり上げている。

これに対し、住環境の自主的規制制度としての建築協定や地区計画を活用し、住環境の持続に努めている住宅地も見られる。行政は条例制定に依存するため、規制項目の限定性や制度が、硬直的で住民自治の視点が弱く、市場価値としては十分に評価されているとは言い難い。欧米の町づくり技術では、住宅地全体として、空間をデザインすることで、個々の敷地ごとに実現できない空間を創ることが常識になっている。しかし、日本の社会ではそれが理解されておらず、町のデザインのためのルールをつくることを、建築の自由を不当に縛るものであるとする主張もみられ、美しい資産価値のある町づくりを妨害している。すなわち、わが国では土地の評価は、自由度の高さが評価される面が強く、これらの制度地区は市場でマイナス評価を受ける例もみられる。

住宅地のもつ価値は、良好な住環境自体と、そこに形成されるコミュニティや住文化である。住宅の資産を高めるためには、住宅地の環境管理が不可欠である。住宅地の環境管理の取組みを「住環境マネジメント」と呼称すれば、「住環境マネジメント」とは、居住に関わる身近な生活環境の基盤全体としての景観・街並み、自然環境、公共施設、公益サービス、コミュニティ活動等にわたる広義の「住環境」について、その維持・向上を図るため、マスタープランと土地利用を含めたアーキテクチュラルガイドライン案の詳細なルールを定め、一元的な環境管理主体の定めた手続きと規定に従い、地域共有物の整備・維持保全・管理、公益サービスの提供、コミュニティの活動等を行うことである。

すなわち、住宅地の資産価値を維持・増加していくためには、

①「住環境管理マネジメント」と管理主体の確立

←②居住者の平等な議決権をもった参加

←③環境維持のための私権の制限ルールへの服従の担保（住宅の先取特権）

←

④コミュニティ活動の促進と生活環境管理サポートシステムが重要になる。

わが国では、これらの取組みは制度的には確立されておらず、団地自治会など住民の参画意欲に依存している。住民の資産化を実現するためには、法制度整備や管理コストとその負担システム等、欧米の経験に学ぶ必要がある。

住環境マネジメントの三つの手法

このような取組みの現在の先導的な手法は、次の三つに集約される。

（1）共有地の保有を手掛かりにした団地管理組合によるマネジメント

戸建住宅地であっても、共有地をもつことによって、区分所有法上の団地管理組合が構成される。これを手掛かりにして、住環境全体の管理に踏み込んでいく手法が考えられる。コントロールの内容は団地管理規約に規定され、専用部分に関わるものや生活管理によるもの等については、別途任意規定等により対応することになるが、管理費の支払い義務や組合決議等において、一定の団体拘束を及ぼすことから一歩前進した取組みとなる。

（2）借地方式（リースホールド）を活用した借地契約によるマネジメント

最も大きな点は、居住者（借地人）と土地所有者が分離されていることであり、これをもって住環境維持に対する居住者の理不尽な私権の行使を妨げる効果がある。さらに、借地契約の付帯条項等によって、様々なコントロール条項や生活管理上の規定を設けることによるマネジメントが可能になるが、法定拘束性には不確定要素が多い。土地所有者の一定の理解と協力が不可欠であるが、まとまったコミュニティ単位として様々な展開の可能性が高い。

（3）協定とその運営組織（HOA）によるマネジメント

住宅地運営管理を担う自立した組織としてHOA（ホームオーナーズアソシエーション）を設立し、多様な住民要求を自らの手で実現するようにする

米国では、住宅地開発業者が住宅地開発にあたり、都市開発管理憲章（ディクラレーション オブCC&R）を登記し、それに基づき、住宅地の環境管理主体として、その開発地に不動産所有する者全員が強制加入し、平等の投票権をもつ自治体HOAを結成する。HOAの行政主体は、理事会（BOD）である。BODは、CC&Rに定められているマスタープランやアーキテクチュラルガイドラインおよびその手続き規定に基づいて環境管理し、それに従わない居住者に対しては、その財産に対する先取特権の行使が認められている。米国は慣習法の国であるため、CC&Rは慣習法（コモンロウ）によって裏書きされていて、司法は、CC&Rに従わない人に対して、BODが要求する立ち退きを許し、必要によって懲罰的罰則を判決してきた。

このシステムは、一九二九年ラドバーン開発にあたり、それまでの資産価値のある住宅地開発のベースとなっていた制限約款（ディードリストリクション）を飛躍的に前進するシステムとして開発された。米国で開発されたこのシステムは、現在の米国の住宅地開発で共通に使われているだけでな

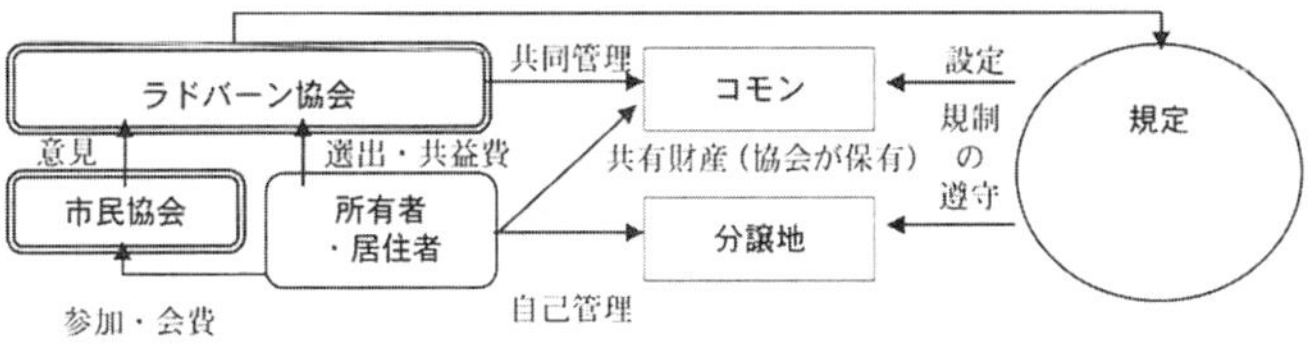

ラドバーンの管理体制　概念図

ラドバーン
設計：C S Stein, H Wright
開発：City Housing Corporation
建設：1928年着工
敷地：420ha
密度：59.5人／ha

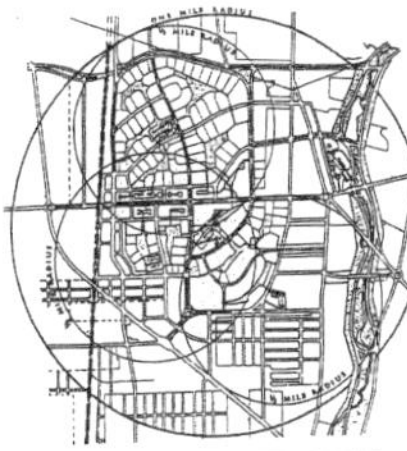

※建築・増改築・修繕のカイドラインによって壁面後退，空地確保等デザインをコントロールしている。

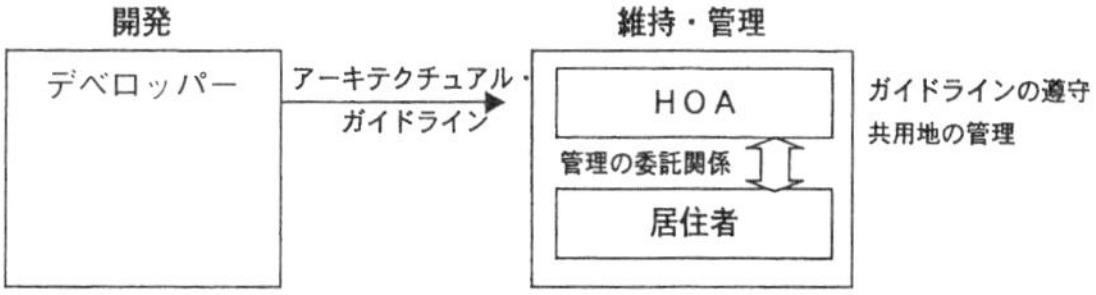

ラドバーンの建築ガイドラインによるコントロール

く、世界で広く使われている。

住宅の資産化の手法は、これまでの「建物の区分所有法」やその管理規約のような欧米のシステムの勝手な解釈のつまみ食いではなく、欧米から本気になって学ばないかぎり、本当の資産化を実現することはできない。米国とは法体系や社会システムも異なるため、その環境にあった読み替えは必要である。しかし、米国のシステムがなぜ住宅の資産化実現になっているかの理解が先行しないかぎり、正しい技術移転はできない。

今後、ストック型社会に入り、資産の持続が時代のキーワードになることは間違いないとすれば、これらの種々の取組みは、その先鞭としてきわめて重要であり、その積み重ねこそがシステムを再構築していく力となる。

8章　住宅地の資産価値評価とデザイン

1 ―― 欧米の資産価値のある歴史的住宅と住宅地

ロンドンなどイギリスの歴史的住宅・住宅地

ロンドン市街地住宅の多くは、十八〜十九世紀に、デベロッパーにより長期定期借地上に供給された建売住宅である。大・中規模なものは持ち家として上流階級や中流階級向けに、小規模なものは、賃貸住宅として労働者階級など低収入階層向けに建設・供給された。

市街地住宅は、隣同士の隔壁が引っ付いた「テラス」と呼ばれる連続住宅である。建売住宅であることから、その建築様式はジョージアンやリージェンシー、ビクトリアンなど建設時に流行ったものを用いた、いわば画一的なデザインであった。また、建設当時は宮殿や大邸宅に比べて、そのデザインや仕上がりのチープさが非難の対象となった。しかし、今私たちの目で見れば、十分に美しい。

住棟は、入居者の社会的属性や所得に応じて、階高標高の基準があり、入居者はその居住するテラスの大きさやデザインを誇った。同じような高さや仕上げ・デザインの住宅が並び、一見単調に見える。しかし、子細に見れば、個々のテラスは個性を重視し、各々の住宅のディテールは微妙に異なり、審美性を競っている。また一見単調にも思える四階程度の高さの統一は、安定した調和のある街並み景観の形成に役立っている。現在の日本の混乱した街並みとは大違いである。

またこれらの住宅は、一瞥すれば共同住宅に見える。しかし実際は、垂直の隔壁で分離された地下一階、地上三〜四階建の「テラス」と呼ばれる連続住宅である。住宅の平面は間口五〜七メートル、奥行一〇〜一二メートル程度で、奥に同程度の奥行の裏庭がついているものが一般的である。地階は台所や倉庫、一階（イギリスでは Ground Floor）は、ビクトリアン様式では道路面から一メートル程度高く、応接間や台所・食堂などに、二階（First Floor）はプライバシーを守りながら、街路に連続する居間や主寝室に使われている例もある。それ以上の階は個室になっている。現在は、テラスを階ごとに区画して共同住宅（フラット）としてリモデリングして使われている。いずれも各住戸部分は、入居者は自分の好みに合わせて細かい改変・改善することができる。

イギリスでは、日本のように古い住宅を取り壊して新築するのではなく、古い住宅をより良く改善・改造して住み続けるのが普通である。そのためには、住宅自体の質がそれなりに高くなければならないが、性能が不足していれば、構造的に補強して使われる。間取りは家族の要求に合わせてリモデリングが繰り返されている。

イギリス人の住宅選択において重要なのは、住宅地に住んでいる人の階級で、それは家並みと建物の外観デザインに現れている。新しい家を求めるとき、近隣に適合した建築様式や家の大きさなど調和のとれた街並みを、イギリス人は非常に大切にする。日本人にありがちな他人と異なる目立つデザインの住宅を求めるということはしない。イギリスの都市住宅は、その町をわが町と思う人に好まれ、住み続けられてきた。このように、多くの人々に好まれ、住み続けられる高い需要に支持される住宅を、資産価値が高い住宅・住宅地ということができる。

ロンドン近辺でもう一つ評価の対象としたいのは、二〇世紀初頭にエベネツァ・ハワードらにより開発された田園都市（ガーデンシティ）レッチワースである。レッチワースは当初、社会主義的な理想を掲げ、都市のもつ活力と農村のもつ豊かな自然を合わせもつ、自律的な労働者の町として二〇世紀初頭に計画された。紆余曲折を経て、現代では、資金負担力のある中産階級向けの高級住宅地に成熟している。

その基本的な構成は、放射状の幹線街路の連結という形でつくられている。町の中心部には、公共施設とともに近世的なデザインが魅力的な商業ゾーンが当初から整備され、学校やホテル地区なども定められた。宅地割りは、例えばテラスハウスのブロックでは、幅二五メートル程度の道路に間口五〜七メートル程度、奥行がその四〜七倍程度の細長い形状となっている。道路側には奥行一二メートル程度の前庭が取られ、裏にはそれよりも大きい生活のための裏庭が設けられている。前庭を大きく取ることにより、道路を挟んだ住宅と住宅の間隔は五〇メートルを超える程度の大きなものとなり、田園都市としての緑豊かで開放性の高い街並みをつくり出している。

住宅の住戸タイプは戸建住宅とともに、二連戸住宅や、四戸連続住宅などが多く建設されている。

住宅を密着して建てることにより、各々が比較的小規模なものであっても、大邸宅のような豊かな雰囲気をつくり出すことが可能となる。またその間取りは、L＋D＋K＋応接間＋三寝室が基本で、どのような家族でも住みやすい構成となっている。アンウィンやパーカーらの建築家によって設計されたレッチワースの住宅のデザインイメージは、イギリス固有のコッツウォルドなどの民家デザインに通ずる「中世ドイツの農村のピクチャレスクなデザイン」にも求められ、多くの人に受け入れられることとなった。

以上のような、計画的な町づくりと生活利便施設の配置、開放性が高く緑豊かな屋外空間の整備、ゆったりとした建物の構成、誰もが住みやすい標準的な間取り、イギリス人の好みに添った民家風デザインにより、一〇〇年経った今も、ほとんど改変されることなく維持がなされ、高い支持を得ている。

サンフランシスコの歴史的住宅・住宅地

サンフランシスコの戸建住宅で特徴的なものは、市街地内に存在する多数の Painted Lady（木造の様式建築をペンキで美しく飾った住宅）などの様式建築の住宅である。サンフランシスコ市街地内の住宅は、①狭小間口三階建住宅（間口六〜七メートル程度で木造が主）、②ビクトリアン様式建築が基本、③十九世紀末から二〇世紀初頭に建設された。

十九世紀のゴールドラッシュの時代にビルダーにより大量供給され、一九〇六年以前に五万戸が完成している。現在一万三〇〇〇戸が保存活用されている。美しい建築であるが、高収入階層への住宅に限らず、中産階級や労働者階層など、様々な収入階層に応じて供給された。その意味で、庶民住宅地から高級住宅地などの幅広い階層性があり、所有形態についても、一棟を一家族が所有するいわゆる戸建持ち家や、階ごとに所有者が異なるフラット型、縦割りに所有者が異なる長屋型の持ち家、さらに共同賃貸住宅がある。また、サンフランシスコ近郊のバークレイなどの郊外戸建住宅は、①木造二階建・戸建住宅が中心で、②緑の多い郊外戸建分譲地に建てられ、③クラシックな様式建築が基本となっている。

さて、中古住宅流通時のサンフランシスコの人々の評価は、地元の不動産取引仲介業者によると、様式建築は、古いものでも価格が高いが、モダンおよび無様式は価格が低い。そして住宅の不動産広告は、文化的価値のアピールが第一で、機能や性能面での情報はあまり評価されない。

また、サンフランシスコの街並みとして、様々な色彩の様式建築の並ぶ様は、わが国の伝統的な景観とは大いに異なるが、パステルカラーの整った姿は、非常に美しい。そしてその維持管理の良さから、人々がその街並み・家並みを誇りに思い、愛し大切にしていることが感じられる。

一方、サンフランシスコにも、薄汚い街並みもある。それは無様式建築の街並みである。現在の日本の街並みに似た統一感のない街並みは、乱雑な汚さを感じさせる。

建物以外の道路などの整備では、無電柱化や地中埋設物蓋のコンクリート化により、目障りな工作物を目立たなくさせ、街路そのものをノイズのない美しいものとしてデザインされている。ただし、

典型的な Painted Lady 住宅

様式建築による調和のとれた街並み（左側）と無様式建築による
不調和の街並み（右側）：サンフランシスコの庶民住宅地

これについては階層差があり、住宅地が高級化するほど整備は進んでおり、中流以下や労働者階級の住宅地では、電線は空中を飛び回っている。

住宅建築の評価であるが、様式建築そのもののもつ美しさ・文化的価値が非常に高い。それらの建築様式は、イタリアンヴィラ様式、ビクトリアン様式、クィーンアン様式などであり、確立された様式として、細部に至るまで破綻がほとんどない。内部空間の美しさは、外部に劣らず非常に質の高いものがある。各様式に適合した精緻な内装デザインや仕上げが施されており、ディテールの文化的な美しさも見事なものが多い。また一〇〇年近く経過しているにもかかわらず、おのおのの住宅は、現在も生活に支障のないプランニングとなっている。現代、わが国でも一般的になっている公私室型の間取りで、おのおのの部屋が大きめであることなどにより、様々な生活スタイルに対応できる。

これらの様式建築は、建築家による質の高い標準設計的図面が存在し、それに基づきビルダーによる大量建設が行われた。残されている建物を見ると、ビルダー・カーペンターの様式観の確かさが感じられ、建築様式に関する高い水準での常識が幅広く存在していたことがわかる。構造と化粧との分化により、本来、化粧と一体の構造材が建築様式の中心になり、装飾材は工業化の進行でプレハブ化され、住宅の大量供給に対応することができた。しかし、そのような装飾材であっても本物らしさ・質の高さが感じられ、ハンドメイド感も強い。これらの様式建築は、一〇〇年程度経過する古い住宅でありながら、手に入れたくなる強い魅力があり、現実に新築住宅に匹敵、あるいはそれを超える高い価格で売買されている。

続いて、現在流通している既存住宅の事例を紹介する。第一はマリーナブルヴァールに建つ家である。所有形態は隣戸と壁を境につながる長屋型の二階建持ち家住宅である。建設後、一家族が住み続けた、木造の戸建持ち家である。

立地は、ヨットハーバーに面し、すぐ前がウォーターフロントという魅力的なものである。外部デザインは、イスラム的な雰囲気ももつスパニッシュの落ち着いた風格のあるもので、歴史的建築の魅力が濃厚に醸し出されている。間取りは四ベッドルーム、三・五バスルーム、リビング、ダイニング、キッチン、ブレックファストルーム（朝食室）、バス付きメードルーム、裏庭、二台分のガレージという大きなものである。内部デザインは、スパニッシュ・イスラムデザインを基調に、非常に質が高いものである。細かい手仕事の装飾がバランスよく飾られており、空間の格調も高く魅力にあふれた内部空間である。ただし、その価格はサンフランシスコの好況を反映して約四億円である。立地もよく、家の広さも十分でデザインも素晴らしいが、いかにも高額である。

事例の第二は、スコット通りに建つ家である。立地はサンフランシスコらしい傾斜の強い高級住宅地である。建築様式はエドワーディアン様式で、あまり広くない敷地間口にシンプルな妻入りの住宅である。装飾は多くなく、上品な雰囲気を醸し出している。一九一二年に建設されており、所有形態は一棟を一家族で所有している。地階に車庫、一階が公室、二階・三階に私室やファミリールームが設けられている。間取りは、三ベッドルーム、ファミリールーム、プレイルーム、二台分のガレージという構成で、価格は約五億円である。内装はきわめて美しく、格子模様の天井や壁の仕上げが見事

マリーナブルヴァールの家の
スパニッシュの外観

スコット通りの家の美しい食堂

クリッパー通りに建つ家の外観

な様式建築の魅力が遺憾なく発揮された内部デザインである。このようなデザインであれば、少々高くても購入希望者は多いと、納得させられる質をもっている。

事例の第三は、クリッパー通りに建つ家である。立地は中産階級住宅地である。所有形態はコンドミニアム（共同住宅持ち家）で、一階・二階を異なる家族が所有する。構造は木造で、建築はビクトリアンスティック様式である。一九〇三年に建設され、一九三〇年に改装がなされた。木造で共同住宅持ち家があることは、かなりの驚きである。しかし、街の中には、一棟に複数世帯の居住する木造共同住宅が多数存在している。外部デザインは、シンプルながらそれなりに美しく、内部デザインは、それまでの豪華なものと比べればシンプルではあるが、細かいつくりの暖炉や天井照明回りのディテールなどそれなりに凝ったものとなっている。価格は約六三〇〇万円である。前二事例が、すべて不動産取引仲介業者による販売であるのに比べ、この住宅では所有者が直接販売案内を行っている。低額物件であり仲介業者の経費を抑える目的と思われる。

以上のように概観したサンフランシスコの戸建住宅調査から、以下に列挙するとおり、文化的価値は、住宅建築の長期耐用性と資産価値に大きく関わっていることがわかる。

①文化的価値が高く、古い建築ほど資産価値（市場取引価格）が高い。
②英米の住宅に関する不動産情報の中心は、文化的価値に関することである。
③住宅の文化的価値は、優れた建築様式に依存する。
④モダニズム様式は不人気で、街並み形成上無能力である。

⑤優れた街並みを形成するためには、優れた建築様式が不可欠である。

2――日本の人気のある歴史的住宅地

関西の歴史的住宅地

わが国の近代以降の住宅地であっても、戦前の住宅や街並みには、欧米のような魅力や文化的質がある。例えば、京都市左京区下鴨北園町周辺の昭和初期に開発された住宅と街並みは、近代に形成されたものとして、質が高く美しいものである。区画整理による中京や下京の商業者や企業家、大学の教授などの中流階級を対象とした住宅地開発であった。現在も京都では、最も高級な住宅地として人気が高い。和風（昭和数寄屋）のものが多いが、昭和初期の洋風住宅も多数残されている。建て替えも進んでいるが、半数程度は昭和初期のものが残されている。古い住宅居住者に対するアンケート調査では、住み手の世代が変わっても、住み続けてほしいという存続意向が約六割と高い数値を示している。幾棟かの住宅の調査結果として、住み手の建物への愛着は強く、今後の建物の存続を望む意向が一般的であった。

間取りは、玄関側に洋室の応接間をもち、それに続いて座敷と仏間がある。廊下を挟んで、台所や

下鴨北園町周辺の街並み

茶の間がある南北廊下の中廊下式の間取りが、中規模以上では一般的である。玄関と座敷に床の間があり、調査した住宅では、すべて双方の床の間が美しく飾られ、無駄なものが部屋の中にあふれ出ていないのが特徴であった。もちろん外部空間は美しく整えられ、端正な街並みを形成している。ただし、プレハブ住宅などに建て変わったところでは、それまでの調和のとれた街並みが壊されつつあるし、古い住宅でも、窓の建具を木製からアルミサッシに変えたりすることにより、味のある雰囲気が無機質なものに変えられていく。

大阪郊外の箕面市の桜井や、神戸市東灘深江の芦屋文化村などの大正期・昭和初期の洋館の街並みも、同様に魅力的なものである。敷地規模が大きいため、取り壊しや高密度更新が行われ、破壊の進んでいる地区もあるが、残されている住宅建築とその街並みは美しい。特に、箕面市桜井は、大正十一年に開催された住宅改造博覧会で建設された洋館住宅二五戸のうち、現

箕面市桜井の住宅改造博跡地の街並み

在も一三戸がかたまって健在である。定まった様式のものは少ないが、設計者の手になる洋風住宅や和洋折衷住宅は美しく、それらのほとんどは行政の努力もあり、登録文化財となっている。

間取りは総じて公私室型となっている。一階に応接間とそれにつながるリビングダイニング、二階にプライバシー度の高い寝室が設けられており、現在供給されている戸建住宅とほとんど同じ間取りである。面積も四〇～五〇坪程度で、現在の戸建住宅に近い。構造や基礎もがっしりとつくられており、狂いや不安感はない。今から八〇年も前に、中流階層向けのものとして、現在と変わらない間取り規模や性能の住宅がつくられており、内外部のデザインは、現在の住宅よりも美しく優れている。

住んでいる人々はお年寄りが多いが、アンケート調査に応じた方はすべて、この住宅を愛しており、住み手の建物の存続意向は、下鴨の和風数寄屋の住宅地よりも高い。「できれば子孫にこの住宅に住み続けて欲しいし、それがかなわない場合には、この住宅を維持管理してくれる他人に譲ってもよい」との意向を示していた。住み手は、建設時から住んでいた人やその子弟が多いが、中には以前からこの住宅地に住みたくて、売りに出された既存住宅を購入した人もいる。

周辺の住宅地は、この住宅改造博覧会の後に開発が進んだところであるが、これらの住宅の影響を受け魅力的な和洋折衷や洋風住宅のものが多い。それも大正や昭和初期にさかのぼると思われる古い味のあるものが多い。八〇年以上経過した住宅地であり、緑の豊かさも見事であり、非常に魅力的な住宅・住宅地である。このような住宅と住宅地は、これからのわが国の文化性を重視した住宅建築や街並みを形成していくうえでの、重要な参考例になる。

関東の歴史的住宅地

関東・東京周辺の住宅・住宅地で、現在も資産価値が高いと評価されるものには、大正・昭和初期に開発されたものが多い。そのような事例として、世田谷区桜新町、成城、大田区田園調布を取り上げてみたい。これらの住宅地は関東大震災や戦災に大きな被害を受けることなく開発され、維持管理されてきた。

最も古い桜新町は、民間企業により大正二年から宅地分譲が開始された。当初から宅地規模は八〇〜三〇〇坪の大きさにバラエティのあるものであった。和風も洋風もあり、敷地規模もばらばらで、

桜の古木が道を覆う桜新町の街並み

建物のデザインコントロールもなされていなかった。当初から、街並みの統一は意図されていなかった。ただし、主要道路には桜の並木を植え、これが街並みの形成にそれなりの役割を果たしてきた。現在でも、桜の古木が道路上の豊かな緑を形成しており、幹線街路における空間的魅力を生み出している。桜新町は、やや大きめの宅地割りに合わせ、この桜などによる緑の魅力が、人気の大きい部分を占めていると考えられる。ただし、現存する住宅は、ほとんどが戦後建て替えられたもので、魅力に乏しい。

現在、関東で最も高級な住宅地といわれる田園調布は、渋沢栄一らがつくった田園都市会社により、大正十一年より宅地分譲が始まった。渋沢栄一は、阪急開発を成功させた小林一三の指導により、イギリスの田園都市（ガーデンシティ）に範をとった非営利的な計画としている。駅前の同心円と、放射状道路が組み合わさった非効率的だが美しい街路計画は、渋沢がレッチワースやサンフランシスコを訪れ影響を受けて実現した。敷地規模は、一〇〇～五〇〇坪と規模にバラエティがある。田園調布が優れていた点は、当初から街並みをつくるルールを定めていたことである。昭和十八年刊の「東京横浜電鉄沿革史」によれば、次の通りである。

①他の迷惑となる如き建物を建造せざること
②障壁は之を設くる場合にも瀟洒典雅のものたらしむること
③建物は三階以下とすること
④建物敷地は宅地の五割以内とすること
⑤建築線と道路との間隔は道路幅員の二分の一以上とすること
⑥住宅の工事費は坪当たり百二、三十円以上とすること

紳士協定であり強制力はないが、おおかたは遵守されたようで、街並み景観を考えた新しい郊外住宅地のあり方に、一石を投じた質の高い取組みであった。現在の状況は、駅西の同心円状の住宅地まわりを見れば、敷地割りも大きく、街路樹や敷地内の樹木による豊かな緑で、魅力的な空間となっている。しかし、建物は全体として長期に愛され続ける魅力に乏しい。どれも敷地規模に応じて大きなものであるが、今後代替わりしても、長期的に使い続けられると予想されるものはほとんどない。大正・昭和初期の歴史的建築もいくつかあるが、街並みとしての魅力には乏しく、豊かな緑が住宅地としての景観を辛うじて支えているものである。

成城は、成城学園が経営して、大正十三年から分譲が開始された住宅地である。学園の素人の担当

田園調布のモダンで豪華な街並み

者が我流で開発を進めたため、当初は水道や電気などの供給にもトラブルが続いた。「図画工作的学園都市づくり」と評価される所以である。道路幅は当初三間（五・五メートル）幅で計画していたが、途中から両側一間ずつを買い足し、現在の五間（九・〇メートル）の幅となっている。この拡げられた道路幅は、空間的なゆとりの確保に大きな役割を果たしており、現在見ても非常に大きな効果があると感じられた。約九メートル幅の道路幅員の中に、大きな街路樹が立ち、敷地内の樹木とともに豊かな緑の街路空間を形成している。この緑の魅力は、前出の桜新町や田園調布と同じである。

成城が前二地区と少し異なるのは、開発時にさかのぼると思われる歴史的な住宅のいくつかが、空間的に接して残されていることである。多くの建て替えられた住宅は、規模が大きくても資産価値を評価できるデザイン的魅力には乏しい。しかし、歴史的な住宅には、新しい住宅にはない風格のある魅力が感じられた。ただし、地区内部の、ある交差点に面した四軒の歴史的住宅は、いずれも空き家になっており、その維持保存が心配される。

学園に至る幹線の南側に、昭和初期建設と推測されるエドワーディアン様式の木造二階建が存在している。これは現在も使い続けられているが、その他の歴史的住宅に比べても明らかにデザインが優れ、成城の住宅地としての価値に大きな影響を与えていると考えられる。その他の住宅は、モダンなデザインのものは多いが、長期的に住み続けられるであろうと思われる質のものではないし、建物による街並み形成も十分な達成にはなっていない。新しいデザインをもとに、街並み景観を整えることはきわめて困難で、地区にわずかに残されている歴史的建築のデザインを基本に、新たな街並み景観の形成の努力がなされ、資産価値の高い住宅地として発展的な取組みが行われることが期待される。

成城学園に至る幹線沿いに建つ
エドワーディアン型の住宅

以上のように、ロンドンやサンフランシスコでは、住宅はスクラップアンドビルドされる短期の消費財ではなく、長期に愛され使い続けられる文化的財であり、価値の高い資産として扱われている。また、住宅は美しい住宅地景観と調和して、その資産価値が高く評価されている。

一方、わが国では、住宅はスクラップアンドビルドの対象と見なされ、街並み景観形成の配慮もなく、無政府的に建てられている。しかし、下鴨や箕面など関西の歴史的な住宅地では、和風や洋風の歴史的建築が高い評価を受けて使い続けられている。関東の住宅地でも、成城などでは、歴史的な美しい住宅を評価しようとする傾向がある。このような歴史的住宅地の達成を先進例として学び、これからの日本の美しく資産価値の高い住宅・住宅地づくりにつなげていく取組み・努力が求められる。

3 ― 住宅の資産価値上昇の実際と理論

豊かな生活環境の創造

一九八〇年代に米国で始まったニューアーバニズムの波は、TND（トラディショナル ネイバーフッド デベロップメント＝伝統的近隣住区開発）として、または、サスティナブルコミュニティの開発やネオトラディショナリズムなどの名前で、全米から世界に拡大している。英国ではプリンスチャールズが先頭に立ったアーバンビレッジとして新しい流れをつくっている。

実は、この時代は、世界的に高度経済成長の波のゆれ戻しとして、人々が高い賃金を追い求めるよりも、もっと人間の生活を豊かにするものとして、自由にできる時間を拡大し、お金を使わないでも、自由な時間を生かして豊かな生活を実現するべきであると考え始めた時代である。

その代表的な動きが、フランスやドイツにおける就労時間の短縮による自由時間拡大の取組みである。フランスのミッテラン大統領の時代に、自由時間省が設立され、自由時間大臣が年二一〇〇時間の労働時間を、一八〇〇時間に短縮する政治目標に向けて、施策に取り組んだ。拡大した自由時間は、まずストレスを解放して、人間らしさの回復に向けられる必要が指摘され、フランスでは、南仏にラングドック・ルションのリゾート開発が取り組まれた。同じ時代ドイツでは、クラインガルデン（自家菜園）運動が再び大きく取り組まれ、北欧ではＤＩＹによるセカンドハウスが取り組まれた。

日本だけはこれらの欧米の事業を見て、リゾート投資事業での金儲けをする機会と考え、現在、年金会計を破綻に追い込んだグリーンピア事業に政府が取り組み、民間はゴルフ場、スキー場、ヨットやボート繋留場付きのリゾート開発に取り組んだ。それがバブル経済の中心であり、その破綻は不良債権問題として、現在にいたるまで日本経済を苦しめている。

最初のＴＮＤ――シーサイド

米国で最初に取り組まれたＴＮＤは、まさにリゾート開発として、フロリダ州シーサイドでロバート・デービスの手で取り組まれた。デービスは子供の頃に過ごしたシーサイドでの生活こそ、現代の都市住民に必要であると考え、都市の生活とリゾートの生活と二つの生活をもつ新しいライフスタイルを求める人々のための開発を、ＤＰＺ（アンドレス・デュアニー＆エリザベス・プラター・ザイバーグ、建築家夫妻の略称）に依頼した。

ＤＰＺは、人々が「わが町」と愛情を抱き、高い帰属意識を育てることのできるリゾート地として、どのような開発をしたらよいかについて、米国南部のリゾート地の調査から着手した。チャールストン、サバンナ、ビューフォート、ニューオリンズなど昔から人気があり、現代も人々が憧れる多数の住宅地を調査した。その結果、一九二〇〜三〇年代の自動車が、人々の生活の足として登場する以前に開発された町では、そこに生活する人々が、その出身国の伝統あるデザインを、自らの生活環境デザインとしてアイデンティティを認めることのできる町であるという事実を発見した。その開発の技法としては、多くの人々が米国に移住してきたとき、サブディバイダー（住宅地分譲業者）が重視してきたストリートスケープと住宅地の所有する公園の良さが重視される町であった。

現代の人々のライフスタイルは、多様化・特殊化しているため、シーサイドの場合は、全米第三位といわれる美しいカリブの海岸に来ているという満足感と、自分だけのカリブ海岸を意識できるデザインが重要であると考えられた。カリブの自然や気候に合致して育まれた建築デザインと、当地にやってくる人々のアイデンティティをもつデザインとの融合を考えて、パリ大改造計画を実施したオースマンの道路イメージ、英国のコートハウスのテラス、トーマス・ジェファソンのハネムーンコテッジなど、盛だくさんのデザインソースが持ち込まれた。

デービスは、ＤＰＺの計画が必ず高い支持を得られると確信し、最初から都市熟成によって不動産価値が上昇することを明言した。そして、自らの販売した住宅では、販売価格保証買い戻しを実施した。開発当初は都市が未熟成であったため、販売ははかどらなかったが、デービスの事業が計画どおりの開発を実施したため、数年後は一挙に高い需要が集中し、取引価格も急騰した。

デービスは、この開発が投機の対象にならないように、不動産取引会社として排他独占的企業を設立し、当地でのリゾートライフを実際に享受しない人の購入を排除した。それにもかかわらず、シーサイドは驚くべき早さで完売し、その周辺にそれに便乗した開発も発生した。デービスは、この高い需要に応えるべく、さらに当初のシーサイドの三倍もの開発を計画し、その開発および入居が進んでいる。このデービスのシーサイド開発で不動産を購入した者は、例外なく高い資産形成に成功した。

DPZのケントランドとディズニーのセレブレイション

シーサイドの実験は、リゾートコミュニティの開発の成功だけではなく、日常の生活環境として、TNDの考え方での都市開発を促すことになった。ワシントンDCに隣接し、首都の膨張の中から開発を拒否し、取り残されていた土地の所有者が、TNDに共鳴して取り組んだケントランドは、完成した町を歩いていると、ジョージタウンやアレキサンドリアを歩いているのではないかと錯覚するような町にできあがっている。町全体が、自動車が生活の足として登場する前の時代のデザインで統一されていて、階段のある坂道に面して玄関があって、フロントヤードには美しい花壇も造られている。車道も車庫も住宅の裏側に計画されていて、前面道路からは目につかない。そのため、道路の側道を歩いていると、フロントポーチの付いた住宅が並び、間口六メートル程度の住宅は、日本の町づくりにもそのまま持ち込めるデザインである。

ケントランドは、日常生活空間のデザインとしてTNDを取り入れ、米国人にとって懐かしくて、帰属意識のもてる空間を実現するとともに、新しくつくられた町が、歴史の町ジョージタウン同様、居住者のヒューマンネットワークに育まれ、安全な町として、その後の全米の住宅地開発に大きな影響を与えることになった。ケントランドへの入居希望者は多く、売り家が出れば即刻買い手がつく状態で、現在は隣接して同じコンセプトで開発されたレイクタウンも、ケントランドの需要の受け皿として、売り手市場を維持しつづけている。

全米の新規開発の三割以上が、TNDの考え方で開発されるようになっている。その中でウォルトディズニー社は、オランドにデベロッパー・セレブレイションを設立し、TNDによる都市開発に取り組んでいる。英国で二〇世紀初頭に取り組まれたガーデンシティの夢を、セレブレイションの最初の入居者も享受することができるようにという壮大な構想が実践されている。所得、世帯の規模や構成、職業等の居住者の多様な社会的属性に対応できる多様な住宅地を、多様なデザイン嗜好に対応して選択できるように計画するとともに、米国を代表する優れた多数の建築家によるデザインの競演の形で、職場、学校、医療保健、スポーツレクリエーション施設とともに、人々の日常生活に賑わいと交流の場として魅力あるダウンタウンが、最初の入居者が居住する前に造られた。

セレブレイションは、過去の欧米の都市文化が、米国南部の気候風土の中で豊かに育まれてきた成果を集約的に町づくりに取り入れたもので、この中に建てられたアイディアハウスは、この事業を象徴している。米国南部で多くの人々に人気のある生活雑誌『サザンリビング』は二〇年以上前から、読者に対し、古くから南部に存在する住空間で、現代の生活にとってても魅力的で、憧れや誇りとなる空間を知らせてもらい、そこへ編集部が出掛けて確認し、その魅力を雑誌を通じて読者に伝える連載に取り組んできた。やがて、それらの良さを住宅としてまとめる提案をすることになり、全米ホームビルダー協会のビルダーズショーのモデルホームも造った経験がある。

セレブレイションでは、それを当地の開発に合わせてアイディアハウスとしてまとめ、モデルホームを造り、一人三・五ドルの入場料で公開した。四年近い公開期間内に、アイディアハウスモデルを三棟建設するほどの入場料収入を得た。モデルホームは売却されて、現在内部の見学はできない。

つまりセレブレイションは、過去の米国南部に建設された憧れのデザインの町や住宅を建設することで、現在だけではなく将来においても高い需要に支持される資産価値の維持される町づくりに取り組み、大きな成功を収めているのである。当時の住宅は建設時点より年一〇パーセント以上、値上がりし続けている。

あとがき

世界中どこの国を見ても、住宅を手に入れることで個人資産がつくられ、人々が幸せになっている。その例外となっている国は日本である。住宅購入した者は、必ず住宅を保有することで資産を失ってきた。このような馬鹿げたことは、天変地異によって起こっているわけではない。政府の資産政策と住宅産業界の自己中心的な利益追求の結果生まれてきたものである。

既存住宅は経年しても、材料劣化にともなう修繕さえしっかりやっていれば、その効用は維持されるため、市場でも需要が維持されるかぎり、既存住宅は推定再建築費で評価される。建築後、何十年も経った住宅でも、居住者が文明の進歩に合わせて、自宅に対して家族の成長に合わせてリモデリングをすれば、その費用の一部は住宅の価値増として貢献することが、欧米で一般的な経済現象となっている。さらに、都市が成熟すれば、同じ住宅でも生活利便性が高まるため、都市の熟成利益は住宅の取引価格の増加になる。このように、既存住宅は経年しても、値上りし続けることは経済的必然である。住宅は経年して、値崩れを起こすことは経済理論上もなく、あるとすれば、産業構造の変化でゴーストタウン化したときしかない。

住宅の資産価値の上昇は、経済理論どおり、日本でも戦前までは、住宅を取得することは、「身上（財産）をつくること」と考えられていたし、実際に住宅を持つことで人々は豊かになった。少なくとも、住宅資産は物価上昇率以上の資産価値増となることは、経済学上容易に説明できることでもあり、現実に実現できたことである。

米国の持地持家による住宅地開発において、都市の熟成による利益が、個人の資産価値の増加となっている仕組みの中に、英国における大地主による都市経営による資産形成のやり方が、ハワードによるガーデンシティの開発を踏み台にして、サブディバイダー（宅地分譲業者）により実践されてきた。その開発において、住宅地のデザインとして、いかにストリートスケープが重視されてきたかということと、それが確実に維持されるために、慣習法を背景にした「ルールを守らぬ者には地区外退去を強制する」という厳しい取組みがされてきたことに注目する必要がある。それは決して、住民の善意や信頼関係によるボランタリーな任意の規則ではない。

日本以外の諸国で見られるように、日本の国民が、資産形成ができるような憧れの住宅地に、納得のいく住宅を家計支出の範囲で手に入れようとするには、それを実現している国に学ぶほかにないと考えた。

NPO法人住宅生産性研究会は、一九九五年に設立以来、全米ホームビルダー協会と相互協力協定を結び、米国の住宅産業の経験に学ぶという旗幟を鮮明にして、住宅生産性向上のため、コンストラクションマネジメントの技術移転に取り組む一方、資産形成となる住宅地開発の技術として、サスティナブルコミュニティの経験に学んできた。特に伝統的近隣住区開発（ＴＮＤ）については、全米各地の実例調査を十年間にわたり、毎年複数回実施するとともに、その実現の背景となる不動産鑑定評価や地価および地代論についての研究をしてきた。その中で、住宅金融、金融保険の果たす重要性を発見し、その調査研究を行った。

平成一二年、当時の建設省住宅局生産課長から、住宅により資産形成が最もわかりやすい形で実現できている米国の住宅産業と生産システムの改善という視点で研究する事業に対して、研究助成をする事業が始められ、財団法人ハウジングアンドコミュニティ財団とＮＰＯ法人住宅生産性研究会とが協力して取り組み、それ以来、毎年研究成果が積み重ねられてきた。その成果は建設省から移行した国土交通省に報告されてきた。この報告書とは別に、毎年の報告内容のうち、広く住宅産業界に提供する成果は、単行本として以下のとおり、刊行されている。

（1）平成一二年～一三年

『日本の住宅産業体質改革のシナリオ』（研究会報告書）

『住宅紛争処理と瑕疵対策の手引き』（米国の建設業法の解説とＮＡＨＢの瑕疵対策）

（2）平成一三年～一四年

『借地方式による住宅地形成技法』（研究会報告書）

※『定期借地権とサスティナブル・コミュニティ』（定期借地・住宅地経営研究会編著）

（3）平成一四年～一五年

『サスティナブル開発管理システム研究会報告書』
『二〇〇〇年アメリカ都市白書』（翻訳 Building Livable Communities）
『米国における伝統的近隣住区開発（ＴＮＤ）』
※『日本の住宅はなぜ貧しいのか』（戸谷英世・久保川議道共著）
（４）平成一五年〜一六年
『住宅地開発とデザインガイドライン』
『北米四地区の住宅地開発と維持管理コード』

※印は、本書（平成一五年〜一六年）を含め井上書院より単行本として刊行され、それ以外はＮＰＯ法人住宅生産性研究会刊行（非市販本で直接頒布）書籍として、一般に活用できるようにした。

本書は、これまでの国土交通省の研究補助金を受けた研究に参加した企業等の関係者の中から、実践を通して研究の成果を実現し、またはこれまでの研究成果を実践につなげようと積極的に取り組んでいる人々に参加してもらい、できるだけ具体的な取組みを通して、研究成果を発表しようとしたものである。執筆者の中には、この研究会に参加していない人も例外的に含まれているが、研究成果と同じ趣旨の活動をしているという確認の下で、本書に参加してもらった。

本書は、編集・監修者が全体の統一と文章上の調整を図るため、各執筆者の原稿の一部を加筆、削除または書き直しを行った後、原執筆者の確認のうえ取りまとめることにしたもので、基本的には執筆者と編集・監修者との共同作業によるものである。

経済環境はまだ低迷し、出版業界も厳しい環境の中にあるにもかかわらず、井上書院社長の関谷勉氏からは全面的な支援を受けて、過去三年の研究成果のシリーズと連続して出版することができた。この本の印刷は、ＮＰＯ法人住宅生産性研究会の月刊誌を一〇〇号にわたり印刷出版してきた耕文社社長長澤一成氏の協力を受けることができた。

原稿の執筆および校正には、限られた時間にもかかわらず、執筆者全員の全面的な協力を得ることができ、予定どおり出版にこぎつけることができた。その間、編集・監修のあわただしい作業を実質的に担当し、意欲的に取り組んでくれた住宅生産性研究会スコーリック久美子さん、盛林まりえさんの地道な作業によるものである。

ここに、あらためて執筆者、関係者の努力に対し、感謝の意を表したいと思います。

平成一六年十月十日

ＮＰＯ法人住宅生産性研究会　理事長　戸谷英世

[執筆者略歴]（順不同）

野津敏紀（のづとしのり）
株式会社通りと環境と住まいを創る会社代表取締役

大熊繁紀（おおくましげのり）
株式会社ロッキー住宅代表取締役社長

高倉健一（たかくらけんいち）
西日本土木株式会社代表取締役副社長

谷口正博（たにぐちまさひろ）
株式会社アービスホーム代表取締役

岩本愛一郎（いわもとあいいちろう）
株式会社神戸ガーデンハウス専務取締役

板東敏男（ばんどうとしお）
株式会社ウイングホーム代表取締役

坂部守勝（さかべもりかつ）
東名ホームズ株式会社代表取締役

本多信夫（ほんだのぶお）
株式会社ＯＳＣＡＲ代表取締役

久保川議道（くぼかわよしみち）
アサヒグローバル株式会社代表取締役

渋谷征教（しぶやゆきのり）
ラウリマデザインスタジオ代表取締役

松藤泰典（まつふじやすのり）
九州大学大学院人間環境学研究院教授

黒瀬洋（くろせひろし）
ブリックプロダクツトウキョウ株式会社営業部長

川崎直宏（かわさきなおひろ）
株式会社市浦都市開発建築コンサルタンツ常務取締役

竹山清明（たけやまきよあき）
京都府立大学人間環境学部助教授

戸谷英世（とたにひでよ）
特定非営利活動法人住宅生産性研究会理事長

住宅で資産を築く国、失う国

新住宅5ヶ年計画への提言

二〇〇四年十月三十日　第一版第一刷発行

編著者　住宅産業問題研究会©

発行者　関谷　勉

発行所　株式会社井上書院

東京都文京区湯島二-一七-一五　斎藤ビル

電話〇三-五六八九-五四八一　振替〇〇一一〇-二-一〇〇五三五

http://www.inoueshoin.co.jp

印刷所　株式会社耕文社

製　本　誠製本株式会社

装　幀　川畑博昭

ISDN4-7530-2284-6 C3052 Printed in Japan

住宅・不動産用語辞典〈改訂版〉

住宅・不動産用語辞典編集委員会編　B6判　住宅に関する建築関連用語はもとより、法律、調査、税制、金融、取引、マーケティングなど広範な分野から約三〇〇〇語を収録した本格的辞典。　**定価三三六〇円**

日本の住宅はなぜ貧しいのか
資産となる住宅建設とスーパートラストマンションの試み

戸谷英世・久保川議道著　四六判　住宅の資産を高め、経済基盤の再生を図るための住宅政策・土地開発に向けて、英米で成果をおさめている住宅地開発や、永住型賃貸住宅供給の取組みを紹介。　**定価二一〇〇円**

定期借地権とサスティナブル・コミュニティ
ポスト公庫時代の住宅システム

定期借地・住宅地経営研究会編　四六判　定期借地権制度により土地の資産価値を高め活用する住宅システムのあり方を、今後の住宅政策や税制、実践的なビジネスプランを踏まえて詳述。　**定価二五二〇円**

高齢社会とオール電化住宅

植村尚＋電化住宅研究グループ著　四六判　安全性・経済性に優れたオール電化住宅の特色をコスト比較をもとに検証しながら、電化住宅へのリフォーム成功例を軸に工務店の方策を詳述。　**定価一六八〇円**

アメリカの家・日本の家
住宅文化比較論

戸谷英世著　四六判　住宅、コミュニティ、経済的土壌などの住文化を、北米と日本との社会的・歴史的背景をふまえながら比較し、日本の住宅デザインのこれからの方向を示唆する。　**定価一九九五円**

新ホームビルダー経営
ポストバブルの住宅産業戦略

戸谷英世著　四六判　欧米並み適正価格の住宅供給を可能にさせ、かつ利益を生み出すためのコスト削減の方法を、米国ホームビルダーの経営実践をもとに具体的に提示する。　**定価二五二〇円**

アメリカン・ハウス・スタイル

ジョン・ミルンズ・ベーカー著・戸谷英世訳　四六判　アメリカの41の建築様式の時代背景とデザイン的特徴、成立過程、他の様式に与えた影響などについてわかりやすく解説する。　**定価三七八〇円**

アメリカのコンストラクションマネジメント

全米ホームビルダー協会編・住宅生産性研究会監修　Ｂ５判　建築工事を科学的・合理的に管理し、低コスト・高品質の住宅をつくる管理経営の手法を示したテキスト、待望の翻訳版。　**定価三六七五円**

住宅建設の工程管理

アメリカのＣＰＭによるスケジューリング

戸谷英世・千田憲司著　Ｂ５判　アメリカで住宅の生産性向上のために重視されているスケジューリング（施工工程管理計画）を日本の住宅建設において運用する手法をわかりやすく解説。　**定価三六七五円**

コストコントロール

アメリカの合理的な住宅工事費管理技術

全米ホームビルダー協会編・住宅生産性研究会監修　Ｂ５判　アメリカで高い効果をあげているコストコントロールをどのように計画し、企業のシステムとして確立し実践していくかを解説。　**定価三六七五円**

ＴＱＭと現場建設のチェックリスト

アメリカのチェックリストによる品質管理

全米ホームビルダー協会編・住宅生産性研究会監修　Ｂ５判　ＴＱＭとは何か、それを正しく使うための方法と、補助技術としてのチェックリストの活用方法を明らかにする。　**定価三六七五円**

住まいＱ＆Ａ　高齢者対応リフォーム

片岡泰子他著　Ａ５判　バリアフリー住宅へのリフォームを計画する際の基本事項や設計上配慮すべき部屋・場所別のポイントを、住まい手の疑問や不安を明確にしながら平易に解説する。　**定価二四一五円**

＊定価は消費税５％を含んだ総額表示になっております。